# LA VIE
## ET LES
# AVANTURES
### SURPRENANTES
### DE
# ROBINSON CRUSOE,

Contenant entr'autres événemens, le séjour qu'il a fait pendant vint huit ans dans une Isle deserte, située sur la Côte de l'Amérique, près de l'emboucheure de la grande Riviére Oroonoque.

*Le tout écrit par lui même.*

## TRADUIT DE L'ANGLOIS.
### TOME SECOND.

A AMSTERDAM,
Chez HONORÉ & CHATELAIN.

M. DCC. XXI.

# LA VIE
## ET LES
# AVANTURES
## DE
## ROBINSON CRUSOE.

JE menois alors une vie beaucoup plus belle en elle-même, que je n'avois fait au commencement; & cet amendement avoit une influence égale sur l'esprit & sur le corps. Souvent lorsque j'étois assis pour prendre mon repas, je rendois mes très-humbles actions de graces à la Providence Divine, & je l'admirois en même tems, de m'avoir ainsi dressé une table au milieu du Désert. J'apris à donner plus d'attention au bon côté de ma condition qu'au mauvais ; à considerer ce dont je jouïssois, plûtôt que ce dont je manquois : & à trouver quelquefois dans

*Tome II.* A *cette*

cette méthode une source de consolations secrettes, dont je ne puis exprimer la force par mes foibles paroles. C'est ce que j'ai été bien aise de remarquer ici, afin d'en graver l'image dans la mémoire de certaines gens, qui toûjours mécontens, n'ont point de goût pour savourer les biens que Dieu leur a départis ; parce qu'ils tournent leurs desirs vers des choses, qu'il ne leur a pas départies. Enfin il me paroissoit que les mécontentemens qui nous rongent au sujet de ce que nous n'avons pas, émanent tous du manquement de reconnoissance pour ce que nous avons.

Une autre réflexion qui m'étoit encore d'un grand usage, & qui sans doute ne le seroit pas moins à toute personne, qui auroit le malheur de tomber dans un pareil cas que le mien ; c'étoit de comparer ma condition presente à celle à laquelle je m'étois attendu dans le commencement, & dont j'aurois très-certainement subi toute la rigueur, si Dieu par sa Providence admirable n'eût procuré mon salut dans les suites de mon Naufrage, en ordonnant que le Vaisseau fut porté si prés de terre, que je pusse non-seulement aller à bord, mais encore en raporter & débarquer quantité de choses qui m'étoient d'un grand secours ; sans quoi j'aurois manqué d'outils pour travailler, d'armes pour me défendre, de poudre & de plomb pour aller à la chasse, & par ce moyen pourvoir à ma nourriture.

Je

Je paſſois les heures & quelquefois les jours entiers à me repreſenter avec les couleurs les plus vives la maniére dont j'aurois agi, ſi je n'euſſe rien tiré du bâtiment : comment je n'aurois pas ſeulement pû attraper quoique ce ſoit pour ma nourriture, ſi ce n'eſt peut-être quelques poiſſons & quelques tortuës ; & comme il ſe paſſa un long tems avant de découvrir aucune de ces derniéres, il y a toute apparence, que j'aurois péri ſans faire cette découverte : que ſi j'euſſe ſubſiſté, j'aurois vécu comme un véritable Sauvage : ſi j'euſſe tué un bouc ou un oiſeau par quelque nouveau ſtratagême, je n'aurois pas ſçû comment écorcher le premier, ni comment éventrer l'un & l'autre ; enſorte qu'il m'auroit fallu employer & mes ongles & mes dents, à la façon des animaux de proye.

Ces réflexions me rendoient trés-ſenſible à la bonté de la Providence à mon égard ; & trés-reconnoiſſant envers elle pour ma condition preſente, quoique non exempte de peines & de miſeres. Je ne puis m'empêcher de recommander cet endroit de mon Hiſtoire aux reflexions de ceux, qui dans leur malheur ſont ſujets à faire des exclamations, comme qui diroit, *y a t'il une affliction ſemblable à la mienne ?* que ces gens-là, dis-je, conſiderent combien pire eſt le ſort de tant d'autres, & combien pire pourroit être le leur, ſi la Providence l'avoit jugé à propos.

Je faiſois encore une autre réflexion, qui

contribuoit beaucoup à fortifier mon esprit, & à remplir mon cœur d'espérance ; c'étoit de comparer l'état où je me voyois, à ce que j'avois mérité, & à quoi par conséquent j'aurois dû m'attendre, comme à un juste Salaire que j'aurois reçû de la main vengeresse de Dieu. J'avois mené une vie détestable hors de la connoissance & de la crainte de mon Créateur. Mes Parens m'avoient donné de bonnes instructions ; ils n'avoient rien épargné dés ma plus tendre jeunesse, pour infuser dans mon ame des sentimens de Religion & de Christianisme, une sainte veneration pour tous mes devoirs, une connoissance parfaite de la fin à laquelle j'avois été destiné par l'Auteur de la Nature dans ma Création. Mais pour mon malheur j'avois embrassé trop tôt la vie de Marinier, qui est de tous les états du monde celui, où l'on a moins la crainte de Dieu en vûë, quoiqu'on y ait plus de sujets de le craindre. Je dis donc que la mer & les Matelots que je frequentai dés ma premiere jeunesse ; les railleries profanes & impies de mes commenseaux, le mépris des dangers, lesquels j'affrontois de gayeté de cœur, la vûë de la mort, avec laquelle je m'étois familiarisé par une longue habitude ; l'éloignement de toute occasion, ou de converser avec d'autres personnes que celles de ma trempe, ou d'entendre dire quelque chose qui fut bon, ou qui tendit au bien ; tant ces choses, dis-je, complipliquées ensemble, étoufferent en moi toute semence de Religion.

Je songeois si peu, soit à ce que j'étois actuellement, soit à ce que je devois être un jour, & mon endurcissement étoit tel, que dans les plus merveilleuses délivrances, dont le Ciel me favorisoit, comme lorsque je m'échapai de Salé, lorsque je fus reçû en haute Mer par le Capitaine Portugais dans son Bord, lorsque je possedois une belle Plantation dans le *Bresil*, lorsque je reçûs ma Cargaison d'Angleterre & en plusieurs autres occasions, je ne rendis jamais à Dieu les actions de graces que je lui devois. Dans mes plus grandes calamitez je ne songeai jamais à l'invoquer. Je ne parlois de cet Etre Suprême, que pour avillir son nom, que pour jurer, que pour blasphemer.

Ma vie passée me fit naître plusieurs réflexions: j'avois vécu en scélerat, dans l'iniquité & le crime; & néanmoins ma conservation étoit l'effet de la Providence. Dieu avoit déployé à mon égard des bontez sans nombre. Il m'avoit puni au dessous de ce que mes iniquitez méritoient, & avoit pourvû libéralement à ma subsistance. Toutes ces réflexions, dis-je, me donnérent lieu d'espérer que Dieu avoit accepté ma repentance, & que je n'avois pas encore épuisé les Tresors infinis de sa Misericorde.

Toutes ces réflexions me portérent non-seulement à une entiere résignation à la vo-
A 3  lonté

lonté de Dieu, mais encore m'infpirerent à fon égard de vifs fentimens de gratitude & de reconnoiffance. J'étois encore au nombre des vivans, je n'avois pas reçû la jufte punition de mes crimes, au contraire je joüiffois de plufieurs avantages, aufquels je n'aurois pas dû m'attendre, ainfi je n'avois pas à me plaindre, ni à murmurer davantage de ma condition : j'avois tout lieu au contraire de me réjoüir, & de remercier Dieu de ce que par une fuite continuelle de prodiges j'avois du Pain. Le miracle qu'il avoit operé en faveur d'*Elie*, à qui les Corbeaux aportoient à manger, n'étoit pas auffi grand que celui qu'il avoit opéré à mon égard. Ma confervation n'étoit qu'une longue fuite de Miracles. Je confiderois d'ailleurs, qu'il n'y avoit peut-être aucun lieu dans tout le monde habitable, où j'euffe pû vivre avec autant de douceur.

Il eft vrai que j'étois privé de tout commerce avec les hommes, mais auffi je n'avois à craindre ni les Loups, ni les Tigres furieux, ni aucune Bête ou féroce ou venimeufe, ni la cruauté barbare des Cannibales. Ma vie étoit en fureté à tous ces égards-là.

En un mot fi ma vie étoit d'un côté une vie de trifteffe & d'affliction, il faut avoüer de l'autre, que j'y reffentois des effets bien fenfibles de la mifericorde Divine à mon égard.

gard. Il ne me manquoit rien pour vivre avec douceur, que d'avoir un sentiment vif & continuel de la bonté de Dieu & de ses soins envers moi. Ces pensées, quand j'y reflechissois, me consoloient entiérement, & faisoient évanoüir mon chagrin & ma mélancolie.

Il y avoit déja long tems, ainsi que j'ai dit ci-dessus, qu'il ne me restoit plus qu'un peu d'encre ; je tâchois de la conserver, en y mettant de l'eau de tems en tems, mais enfin elle devint si pâle, qu'à peine pouvois-je remarquer sa noirceur sur le Papier. Tant qu'elle dura je marquois les jours où il m'étoit arrivé quelque chose de remarquable. Il me souvient que ces jours extraordinaires tomboient presque tous sur les mêmes jours de l'année. Si j'avois eu quelque penchant superstitieux pour le sentiment qu'*il y a des jours heureux & des jours malheureux*, je n'aurois pas manqué d'apuyer mon opinion sur un concours si curieux.

Le même jour de l'année que je m'enfuis de chez mon Pere, que j'arrivai à *Hull* & que je me fis Matelot, le même jour de l'année, dis-je, je fus pris par un Vaisseau de Guerre de *Salé* & fait Esclave.

Le même jour de l'année que j'échapai d'un Naufrage dans la Rade de *Yarmouth*, je me sauvai aussi de *Salé* dans un bâteau.

Le même jour que je nâquis, & qui étoit le 30. *Septembre* : le même jour, dis-je 26.

ans aprés, je fus miraculeusement sauvé; lorsque la tempête me jetta sur cette Isle. Ainsi ma vie dépravée & ma vie solitaire ont commencé par le même jour de l'année.

La premiere chose qui me manqua aprés l'encre fut le pain, ou plûtôt le biscuit que j'avois aporté du Vaisseau. Bien que je l'eusse ménagé avec la derniere frugalité, ne m'en étant accordé pendant l'espace de plus d'une année, qu'un petit gâteau par jour, cependant il me manqua tout-à-fait un an avant que je pusse en faire du bled que j'avois semé.

Mes habits commençoient aussi à dépérir. Il y avoit long-tems que je n'avois plus de linge, hors quelques chemises bigarées, que j'avois trouvées dans les Coffres des Matelots, & que je conservois autant qu'il m'étoit possible, parce que trés-souvent je ne pouvois suporter d'autre habit qu'une chemise. Ce fut un grand bonheur pour moi, de ce que parmi les habits des Matelots je trouvai presque trois douzaines de chemises. Je sauvai aussi quelques surtouts grossiers, mais ils me furent de peu d'usage, ils étoient trop chauds.

Bien que les chaleurs fussent si violentes que je n'avois nulle nécessité d'habits, cependant, quoique je fusse seul, je ne pûs jamais me resoudre à aller nud. Je n'y avois aucune inclination, je n'en pouvois pas même supporter la pensée. D'ailleurs la chaleur du Soleil m'étoit plus insuportable

ble quand j'étois nud, que lorsque j'avois quelques habits sur moi. La chaleur me causoit souvent des vessies sur toute ma peau : au lieu que lorsque j'étois en chemise, l'air entrant par dessous, l'agitoit de façon que j'en étois deux fois plus au frais. De même je ne pûs jamais m'accoûtumer à m'exposer au Soleil sans avoir la tête couverte : le Soleil dardoit ses rayons avec une telle violence, que lorsque j'étois tête-nuë, je ressentois à l'instant de grands maux de tête, mais qui me quittoient dès que je mettois un Chapeau.

L'experience de toutes ces choses me fit songer à employer les habillons que j'avois, & que j'apellois des habits, à un usage conforme à l'état où j'étois. Toutes mes vestes étoient usées, je m'apliquai donc à faire une espece de robe des gros surtouts, & de quelques autres materiaux de cette nature que j'avois sauvé du Naufrage. J'exerçois donc le métier de Tailleur ou plûtôt de Ravaudeur, car mon travail étoit pitoyable, & je vins à bout après bien des peines de faire deux ou trois nouvelles vestes, des culottes ou des caleçons, mais, comme j'ai dit, mon travail étoit massacré d'une étrange façon.

J'ai dit que j'avois conservé les peaux de toutes les bêtes que j'avois tuées, j'entens les bêtes à quatre pieds. Mais comme je les avois étenduës au Soleil, la plûpart

part devinrent si seches & si dures, que je ne pus les employer à aucun usage. Mais de celles dont je pus me servir, j'en fis premierement un grand bonnet, en tournant le poil en dehors, afin de me mettre mieux à couvert de la pluye, & ensuite je m'en fabriquai un habit entier, je veux dire une veste lâche & des culottes ouvertes, car mes habits devoient me servir plûtôt contre la chaleur que contre le froid. La verité de l'Histoire veut que j'avoüe ici qu'ils étoient massacrez de la plus pitoyable maniere. Si j'entendois peu le métier de Charpentier, j'entendois moins encore celui de Tailleur. Quoiqu'il en soit, ces habits me servirent très-bien. La pluye ne pouvoit pas les percer.

Tous ces travaux finis, j'employai beaucoup de tems & bien des peines à faire un *Parasol*. J'en avois vû faire dans le *Brezil*, où ils sont d'un grand usage contre les chaleurs extraordinaires. Or comme le Climat que j'habitois, étoit tout aussi chaud, & même davantage, car j'étois plus prés de l'Equateur; comme d'ailleurs mes nécessitez m'obligeoient souvent de sortir par la pluye, je ne pouvois me passer d'une aussi grande commodité que celle-là. Cet ouvrage me couta infiniment; car après avoir pris des peines infinies, il se passa bien du tems avant que je pusse faire quelque chose qui fut capable de me preserver de la pluye & des rayons du Soleil; encore cet ouvrage ne pût-il me
satis-

satisfaire, ni deux ou trois autres que je fis ensuite. Je pouvois bien les étendre, mais je ne pouvois pas les plier, ni les porter autrement que sur ma tête, ce qui me causoit trop d'embarras. Enfin pourtant j'en fis un qui répondit assez à mes besoins, je le couvris de peaux en tournant le poil du côté d'enhaut. J'y étois à l'abri de la pluye comme si j'eusse été sous un auvent, & je marchois par les chaleurs les plus brulantes avec plus d'agrément que je ne faisois auparavant dans les jours les plus frais. Quand je n'en avois nul besoin je le fermois & le portois sous mon bras.

Je vivois aussi avec beaucoup de douceur. Mon esprit étoit tranquille. Je m'étois resigné à la volonté de Dieu. Je m'étois entierement soumis aux ordres de la Providence. Je preferois cette vie à celle que j'aurois pû mener dans le commerce du monde; car s'il m'arrivoit quelquefois de regretter la conversation des hommes, je me disois aussi-tôt à moi-même : *Ne converses-tu pas avec toi-même & pour parler ainsi, ne conserves-tu pas avec Dieu même par des elevations vers lui? la Société peut-elle te procurer d'aussi grands avantages?*

Après avoir fini les ouvrages dont j'ai parlé, il ne m'est arrivé rien d'extraordinaire pendant l'espace de cinq ans. Je vivois dans le train de vie que j'ai ci-dessus representé. J'étois dans les mêmes circonstances & dans la même place que j'ai déja dit. Ma principale occupation, outre celle de semer mon orge & mon ris, d'accommoder mes raisins & d'aller à la chasse, fut pendant ces cinq années, celle de faire un canot. Je l'achevai, & en creusant un canal profond de six pieds & large de quatre, je l'amenai dans la Baye. Pour le premier qui étoit d'une prodigieuse grandeur, & que j'avois fait inconsiderément, je ne pûs jamais ni le mettre à l'eau, ni faire un canal assez grand, pour y conduire l'eau de la mer. Je fus obligé de le laisser dans sa place, comme s'il eut dû me servir de leçon, afin d'être plus circonspect à l'avenir. Mais, comme on vient de voir, ce mauvais succez ne me rebuta point. Je profitai de ma premiere inadvertance. Et bien que l'Arbre que j'avois coupé pour faire un second canot, fut à un demi-mille de la mer, & qu'il étoit bien difficile d'y amener l'eau de si loin, cependant comme la chose n'étoit pas impraticable, je ne desesperai pas de la porter à son execution: J'y travaillai pendant deux ans. Je ne plaignois point mon travail, tant étoit grand l'espoir de me remettre en mer.

Voilà donc mon petit canot fini, mais sa grandeur ne répondoit point au dessein que j'avois, lorsque je commençai à y travailler, c'étoit d'hazarder un voyage en terre ferme, & qui auroit été de 40. milles. Je quittai donc mon travail, je me
resolus

résolus au moins de faire le tour de l'Isle. Je l'avois déja traversée par terre, comme j'ai dit; & les découvertes que j'avois faites alors, me donnoient un violent desir de voir les autres parties de mes Côtes. Je ne songeai donc plus qu'à mon voyage. Et afin d'agir avec plus de précaution, j'équipai mon canot le mieux qu'il me fut possible, j'y fis un mât & une voile. J'en fis l'essai, & trouvant que mon canot feroit très-bien voile, je fis des boulins ou des layettes dans ses deux extremitez, afin d'y préserver mes provisions & mes munitions contre la pluye & l'eau de la mer qui pourroit entrer dans le canot. J'y fis encore un grand trou pour mes armes, je le couvris du mieux que je pus, afin de le conserver sec.

Je plantai ensuite mon Parasol à la poupe de mon canot, afin de m'y mettre à l'ombre. Je me promenois de tems en tems dans mon canot sur la mer, mais néanmoins sans m'écarter jamais de ma petite Baye. Enfin impatient de voir la circonfetence de mon Royaume, je me resolus entierement à en faire le tour. J'avitallai pour cet effet mon bateau. Je pris deux douzaines de mes pains d'orge, (je devois plûtôt les apeller des gâteaux) un pot de terre plein de ris sec, dont j'usois beaucoup, une petite bouteille de Rum, la moitié d'une chevre, de la poudre & de la dragée pour en tuer d'autres, enfin deux des gros surtous dont

j'ai

j'ai parlé ci-dessus, l'un pour m'y coucher & l'autre pour me couvrir pendant la nuit.

C'étoit le six de Novembre, & l'an sixiéme de mon Regne ou de ma Captivité, (vous l'apellerez comme il vous plaira,) que je m'embarquai pour ce voyage, qui fut plus long que je ne m'y étois attendu. L'Isle en elle-même n'étoit pas fort large, mais elle avoit à son Est un grand rebord de rochers, qui s'étendoient deux lieuës avant dans la mer, les uns s'élevoient au dessus de l'eau, & les autres étoient cachez : il y avoit outre cela au bout de ces rochers, un grand fond de sable, qui étoit à sec, & avancé dans la mer d'une demi-lieuë, tellement que pour doubler cette pointe, j'étois obligé d'aller bien avant en mer.

A la premiere vûë de toutes ces difficultez j'allois renoncer à mon entreprise, fondé sur l'incertitude soit du grand chemin qu'il me faudroit faire, soit de la maniere dont je pourrois revenir sur mes pas. Je revirai même mon canot & me mis à l'ancre ; car j'ai oublié de dire, que je m'en étois fait une d'une piece rompue d'un grapin que j'avois sauvée du Vaisseau.

Mon canot étant en sûreté, je pris mon fusil & je débarquai, puis je montai sur une petite éminence, d'où je découvris toute cette pointe & toute son étenduë : ce qui me fit résoudre à continuer mon voyage.

Entr'autres observations néanmoins que je

je fis sur la mer de ces endroits, j'observai un furieux Courant qui portoit à l'Est, & qui touchoit la pointe de bien près. Je l'étudiai donc autant que je pus, car j'avois raison de craindre qu'il ne fut dangereux, & que, si j'y tombois il ne me portât en pleine mer, d'où j'aurois eu peine à regagner mon Isle. La verité est, que les choses seroient arrivées comme je le dis, si je n'eusse eu la précaution de monter sur cette petite éminence ; car le même Courant regnoit de l'autre côté de l'Isle, avec pourtant cette difference qu'il s'en écartoit de beaucoup plus loin. Je remarquai aussi qu'il y avoit une grande barre au rivage, d'où je conclus que je franchirois aisément toutes ces difficultez si j'évitois le premier Courant, car j'étois sûr de pouvoir profiter de cette barre.

Je couchai deux nuits sur cette colline, parce que le vent qui souffloit assez fort, étoit à l'E. S. E. & que d'ailleurs comme il portoit contre le Courant, & qu'il causoit divers brisemens de mer sur la pointe, il n'étoit pas sûr pour moi, ni de me tenir trop au rivage, ni de m'écarter loin en mer ; car alors je risquois de tomber dans le courant.

Mais au troisiéme jour le vent étant tombé, & la mer étant calme, je recommençai mon voyage. Que les Pilotes temeraires & ignorans profitent de ce qui m'est arrivé en cette rencontre. Je n'eus pas plûtôt atteint la pointe que je me trouvai dans une mer très-

profon-

profonde, & dans un Courant aussi violent que le pourroit être une écluse de moulin. Je n'étois pourtant pas plus éloigné de terre que de la longueur de mon canot. Ce Courant m'emporta moi & mon canot avec une telle violence, que je ne pus jamais retenir mon bateau auprés du rivage. Je me sentois emporté loin de la barre qui étoit à ma gauche. Le grand calme qui regnoit, ne me laissoit rien à esperer des vents, & toute ma manœuvre n'aboutissoit à rien. Je me considerai donc comme un homme mort; car je savois bien que l'Isle étoit entourée de deux Courants, & que par consequent à la distance de quelques lieuës ils devoient se rejoindre. Je crus donc être irrevoquablement perdu : je n'avois plus aucune espérance de vie, je comptois sur une mort certaine : non que je craignisse d'être noyé, la mer étoit calme, mais je ne voyois pas que je pusse m'exemter de perir de faim. Toutes mes provisions n'étoient qu'un de mes pots de terre plein d'eau fraîche, & une grande Tortuë. Mais ces provisions ne pouvoient pas me suffire. Je prévoyois que ce Courant me jetteroit en pleine mer, où je n'avois pas d'espérance de rencontrer, aprés un voyage peut-être de plus de mille lieuës, ni rivage, ni Isle, ni Continent.

Qu'il est facile à la Providence, disois-je en moi-même, de changer la condition

la

la plus triste en une autre encore plus déplorable ! Mon Isle me paroissoit alors le lieu du monde le plus délicieux. Toute la félicité que je souhaitois, étoit d'y rentrer. « Heureux Desert, *m'écriai-je, en y tournant la vûë*, heureux Desert, je ne te verrai donc plus ! Que je suis miserable, je ne sçai où je suis porté ! Malheureuse inquiétude, tu m'as fait quitter ce séjour charmant, souvent tu m'as fait murmurer contre ma solitude, mais maintenant que ne donnerois-je point pour y retourner ! Telle est en effet nôtre nature, nous ne sentons les avantages d'un état qu'en éprouvant les incommoditez de quelque autre.

Nous ne connoissons le prix des choses que par leur privation. Personne ne concevra jamais la consternation où j'étois, de me voir emporté de ma chere Isle dans la haute mer. J'en étois alors éloigné de deux lieuës, & je n'avois plus d'esperance de la revoir. Je travaillois cependant avec beaucoup de vigueur ; je dirigeois mon canot vers le Nord autant qu'il m'étoit possible ; c'est-à-dire vers le côté du Courant où j'avois remarqué une barre. Sur le midi je crus sentir une Bise qui me souffloit au visage, & qui venoit du S. S. E. J'en ressentis quelque joye, & qui s'augmenta de beaucoup une demi-heure après, lorsqu'il s'éleva un vent qui m'étoit trés-favorable. J'étois alors à une distance pro-

*Tome II.* B digieu-

digieuse de mon Isle. A peine pouvois-je la découvrir: & si le tems eût été chargé, c'en étoit fait de moi, j'avois oublié mon compas de mer. Je n'avois par conséquent d'autre voye de ratraper mon Isle que par la vûë. Mais le tems continuant au beau, je mis à la voile portant vers le Nord, & tachant de sortir du courant.

Je n'eûs pas plûtôt mis à la voile, que j'aperçûs par la clarté de l'eau, qu'il alloit arriver quelque alteration au Courant. Car lors qu'il étoit dans toute sa force, les eaux en étoient sales, & elles devenoient claires à mesure qu'il diminuoit. Je rencontrai à un demi-mille plus loin, c'étoit à l'Est, un brisement de mer causé par quelques Rochers. Ces Rochers partageoient le courant en deux. La plus grande partie s'écouloit par le Sud, laissant les Rochers au Nord-Est, & l'autre étant repoussée par les Rocs, portoit avec force vers le Nord-Oüest.

Ceux qui ont éprouvé, ce que c'est que de recevoir leur grace dans le tems qu'on alloit les executer, ou d'être sauvé de la main des Brigands qui alloient les égorger, sont les seuls capables de concevoir la joye que je ressentis alors. Il est difficile de comprendre l'empressement avec lequel je mis à la voile, & profitai du vent qui m'étoit favorable & du courant de la barre dont j'ai parlé.

Ce Courant me servit pendant une heure de tems, il portoit droit vers mon Isle, c'est-à-dire à-dire deux lieuës plus au Nord que le courant qui m'en avoit auparavant éloigné. Ainſi lorſque j'arrivai prés de l'Iſle, j'étois à ſon Nord : je veüx dire que j'étois dans la partie de l'Iſle qui étoit oppoſée à celle, d'où j'étois parti.

J'étois preſentement entre deux courans, l'un d'un côté du Sud, c'eſt celui qui m'avoit emporté, & l'autre du côté du Nord qui en étoit éloigné de la diſtance d'une lieuë, & qui portoit d'un autre côté. La mer où j'étois étoit entierement morte, ſes eaux étoient tranquilles & ne ſe mouvoient nulle part. Mais profitant de la bize fraiche qui ſouffloit vers mon Iſle, j'y fis voile & m'en aprochai, quoiqu'avec plus de lenteur que lorſque j'étois aidé par le courant.

Il étoit alors quatre heures du ſoir, & j'étois éloigné d'une lieuë de mon Iſle, quand je trouvai la pointe des Rochers qui cauſoient tout ce deſaſtre. Ils s'étendoient au Sud, & comme ils y avoient formé ce furieux courant, ils y avoient auſſi fait une barre qui portoit au Nord. Elle étoit forte, & ne me conduiſoit pas directement à bord de mon Iſle. Mais profitant du vent je traverſai cette barre le moins obliquement que je pus, & après une heure de tems j'arrivai à un mille du bord. L'eau y étoit tranquille & peu de tems aprés je gagnai le rivage.

Dés que je fus abordé, me jettant à genoux je remerciai Dieu pour ma délivrance,

B 2 &

& résolus de ne plus courir les mêmes risques en vûë de me sauver. Je me rafraichis du mieux que je pus : je mis mon canot dans un petit caveau que j'avois remarqué sous des arbres, & fatigué comme j'étois du travail & des fatigues de mon voyage je m'endormis peu de tems aprés.

Etant éveillé, j'étois fort en peine, comment je pourrois transporter mon canot dans la Baye qui étoit prés de ma Maison. De l'y conduire par mer c'étoit trop risquer : je connoissois les dangers qu'il y avoit du côté de l'Est, & je n'osois me hazarder à prendre la route de l'Oüest. Je resolus donc de côtoyer les rivages de l'Oüest : j'esperois d'y rencontrer quelque Baye pour y mettre mon canot, afin que je puisse le retrouver en cas de besoin. J'en trouvai une, aprés avoir cotoyé l'espace d'une lieuë, elle me paroissoit fort bonne, & alloit en se retrecissant jusqu'à un petit ruisseau qui s'y déchargeoit. J'y mis mon canot : je ne pouvois pas souhaiter de meilleur Havre pour ma Fregatte. On auroit dit qu'il avoit été travaillé exprés pour la contenir.

Je m'occupai ensuite à reconnoître l'endroit où j'étois : je vis que je n'étois pas éloigné de l'endroit où j'avois été lorsque je traversai mon Isle. Ainsi laissant toutes mes provisions dans le canot hors le Fusil & le Parasol, car il faisoit fort chaud, je me mis en chemin. Bien que je fusse très-fatigué

fatigué, je marchai néanmoins avec assez de plaisir : j'arrivai sur le soir à la vieille Treille que j'avois faite autrefois. Tout y étoit dans le même état : je l'ai depuis toûjours cultivée avec beaucoup de soin, c'étoit comme j'ai dit ma maison de campagne.

J'en sautai la haye & me couchai à l'ombre; car j'étois d'une lassitude extraordinaire: je m'endormis d'abord. Lecteur qui lirez cette Histoire, jugez quelle fut ma surprise, de me voir reveiller par une voix qui m'apelloit à diverses fois par mon nom : *Robinson, Robinson, Robinson Crusoe, pauvre Robinson Crusoe, où avez-vous été, Robinson Crusoe, où êtes-vous Robinson, Robinson Crusoe, où avez-vous été ?*

Comme j'avois ramé tout le matin & marché tout l'aprés midi, j'étois tellement fatigué, que je ne m'éveillai pas entierement. J'étois assoupi, moitié endormi & moitié éveillé, & je croyois songer que quelqu'un me parloit. Mais la voix continuant de repeter *Robinson Crusoe, Robinson Crusoe*, je m'éveillai enfin tout-à-fait, mais tout épouvanté & dans la derniere consternation. Je me remis un peu néanmoins, aprés avoir vû mon Perroquet perché sur la haye, je connus d'abord que c'étoit lui qui m'avoit parlé, car je l'avois ainsi instruit. Souvent il venoit se reposer sur mon doigt, & aprochant son bec de mon visage, se mettoit à crier : *Pauvre Robin Crusoé*

soé, où êtes-vous, où avez-vous été : comment êtes-vous venu ici, & autres choses semblables?

Mais quoique je fusse certain, que personne ne pouvoit m'avoir parlé que mon Perroquet, j'eus pourtant quelque peine à me remettre. » Comment, *disois-je*, est-il venu » dans cet endroit plûtôt que dans tout au- » tre ? Comme néanmoins il n'y avoit que lui qui put m'avoir parlé, je quittai ces réflexions, & l'appellant par son nom, cet aimable oiseau vint se reposer sur mon pouce & me disoit, comme s'il eût été ravi de me revoir, *Pauvre Robinson Crusoé, où avez-vous été*, &c. Je l'emporterai ensuite au logis.

J'avois maintenant assez couru sur mer, & j'avois grand besoin de me reposer & de reflechir sur les dangers, par où j'avois passé. J'aurois été ravi d'avoir mon canot dans la Baye qui étoit prés de ma maison : mais je ne voyois pas que cela fût possible. Je ne voulois plus m'hazarder à faire le tour de l'Isle du côté de l'Est. A cette seule pensée mon cœur se resserroit, & mes veines devenoient toutes glacées. Pour l'autre côté de l'Isle, je ne le connoissois point, mais j'avois tout lieu de croire que le courant dont j'ai parlé, y regnoit aussi-bien que dans l'Est, & qu'ainsi je courois risque d'y être précipité, & d'être emporté bien loin de mon Isle. Je me passai donc de canot, & me résolus ainsi à perdre les fruits d'un travail de plusieurs mois.

Dans

Dans cet état je vécus pendant prés d'un an, dans une vie retirée, comme on peut bien se l'imaginer. J'étois tranquille par raport à ma condition: je m'étois resigné aux ordres de la Providence, & hors la societé, il ne me manquoit rien pour être parfaitement heureux.

Durant cette intervalle de tems, je me perfectionnai beaucoup dans les professions méchaniques, ausquelles mes nécessitez m'obligeoient, & particulierement je conclus, vû le manque où j'étois de plusieurs outils, que j'avois des dispositions toutes particulieres pour la Charpenterie.

Je devins un excellent maître Potier, j'avois inventé une rouë admirable, par laquelle je donnai à mes vaisselles, auparavant d'une étrange grossiereté un tour & une forme très commode. Je trouvai aussi le moyen de faire une pipe, cette invention me causa une joye extraordinaire, & si je l'ose dire, une si grande vanité, que je n'en ai jamais senti de pareille dans toute ma vie. Bien qu'elle fût grossiere, & de la même couleur & de la même matiere que mes autres ustencilles de terre, cependant elle tiroit la fumée, & servoit assez bien à mon plaisir. J'aimois à fumer, & dans la créance qu'il n'y avoit point de tabac dans mon Isle, j'avois negligé de prendre avec moi les pipes qui étoient dans le Vaisseau.

Je fis aussi des progrés trés-considérables
dans

dans la profession de Vanier : je trouvai moyen de faire plusieurs corbeilles, qui bien qu'elles fussent mal tournées ne laissoient pas de m'être très-utiles. Elles étoient aisées à porter, & propres à y reserrer plusieurs choses, & à en aller chercher d'autres. Si par exemple je tuois une chevre, je la pendois à un arbre, je l'écorchois, l'accommodois, & la découpois, & ainsi l'aportois au logis. J'en faisois de même à l'égard de la Tortue ; je l'éventrois, en prenois les œufs & quelques morceaux de sa chair que j'aportois au logis dans ma corbeille, laissant le superflu ou l'inutile. De profondes corbeilles me servoient de greniers pour mon blé, que j'accommodois dès qu'il étoit sec.

Ma poudre commençoit maintenant à se diminuer : si elle m'avoit manqué, j'étois hors de pouvoir d'y suppléer de nouveau. Cette pensée me fit craindre pour l'avenir. Qu'aurois-je fait sans poudre ? comment aurois-je pû tuer des chevres ? Je nourrissois à la verité une chevrette depuis huit ans : je l'avois apprivoisée dans l'esperance que j'attraperois peut-être quelque bouc, mais je ne pus le faire, que lorsque ma chevrette fut devenuë une vieille chevre. Je n'eus jamais le courage de la tuer : je la laissai mourir de vieillesse.

Mais étant presentement dans l'onziéme année de ma Résidence, & mes provisions etant fort racourcies, je commençai à songer

aux

aux moyens d'avoir les chevres par adresse. Je souhaitois fort d'en attraper qui fussent en vie, & s'il étoit possible d'avoir des chevrettes qui portassent.

Pour cet effet je tendis des filets & je suis persuadé qu'il y en eut quelques-unes qui s'y prirent, mais comme le fil en étoit très-foible, elles s'en échapperent aisément. La verité est que je trouvois toûjours mes filets rompus & les amorces mangées : je n'en pouvois pas faire de plus forts : je manquois de Fil d'archal.

Enfin j'essayai de les prendre par le moyen d'un trebuchet. Je fis donc plusieurs creux dans les endroits où elles avoient coûtume de paître, je couvris ces creux de clayes, que je chargeai de beaucoup de terre, en y parsemant des épics de ris & de blé. Mais mon projet ne réüssit point : les chevres venoient manger mon grain, s'enfonçoient même dans le trebuchet, mais ensuite elles trouvoient moyen d'en sortir. Je m'avisai donc enfin de tendre une nuit trois trapes : je les allai visiter le lendemain matin, & je trouvai qu'elles étoient encore tendues, mais que les amorces en avoient été arrachées. Tout autre que moi se seroit rebuté, mais au contraire je travaillai à perfectionner ma trape, & pour ne pas vous arrêter trop long-tems, mon cher Lecteur, je vous dirai, qu'allant un matin pour visiter mes trapes, je trouvai dans l'une un vieux bouc d'une grandeur extraordinaire, & dans l'autre trois chevreaux, l'un mâle & les deux autres femelles.

Le vieux bouc étoit si farouche, que je n'en savois que faire. Je n'osois ni entrer dans son trébuchet, ni par conséquent l'emmener en vie, ce que j'aurois néanmoins souhaité avec beaucoup d'ardeur. Il m'auroit été facile de le tuer, mais cela ne répondoit point à mon but. Je le dégageai donc & le laissai dans une pleine liberté. Je ne crois pas qu'on ait jamais vû d'Animal s'enfuïr avec plus de frayeur. Il ne me revint pas dans l'esprit alors, que par la faim on pouvoit aprivoiser même les Lions, car autrement je l'aurois laissé dans son trebuchet, & là, le faisant jeûner pendant trois ou quatre jours, & lui aportant ensuite à boire, & un peu de bled, je l'aurois aprivoisé avec la même facilité que les autres trois Chevreaux. Ces animaux sont fort dociles, lorsqu'on leur donne le nécessaire.

Pour les Chévreaux, je les tirai de leur fosse, un à un, & les attachant tous trois à un même cordon, je les amenai chez moi avec pourtant beaucoup de difficulté.

Il se passa quelque tems avant qu'ils voulussent manger, mais enfin, tentez par le bon grain que je mettois devant eux, ils commencerent à manger & à s'aprivoiser. Je commençai alors à esperer que je pourrois me nourrir de la chair de chévres, quand même la la poudre & la dragée me manqueroient. Selon toutes les aparences, dis-je, j'aurai dans la suite & autour de ma maison un Troupeau de boucs à ma disposition.

Il me vint dans la pensée que je devois enfermer mes Chevreaux dans un certain espace de terrain, que j'entourerois d'une haye trés-épaisse, afin qu'ils ne pussent pas se sauver, & que les chévres sauvages ne pussent pas les aprocher non plus, car j'apréhendois que par ce mélange mes chevreaux ne devinssent sauvages.

Le projet étoit grand pour un seul homme; mais l'execution en étoit d'une nécessité absoluë. Je cherchai donc une piéce de terre propre au pâturage où il y eût de l'eau pour les abreuver, & de l'ombre pour les garantir des chaleurs extraordinaires du Soleil.

Ceux qui entendent la maniere de faire cette espece d'enclos, me traiteront sans doute d'homme peu inventif, aprés qu'ils auront oüi, qu'ayant trouvé un lieu tel que je le désirois, c'étoit une plaine de pâturage que deux ou trois petits filets d'eaux traversoient, & qui d'un côté étoit toute ouverte, & de l'autre aboutissoit à de grands bois: Ils ne pourront, dis-je, s'empêcher de se joüer de ma grande prévoyance, quand je leur dirai que selon mon plan je devois faire une haye d'une circonference au moins de deux milles. Le ridicule de ce plan n'étoit pas en ce que la haye étoit disproportionnée à son enclos,

mais,

mais, en ce que faisant un enclos d'une si grande étenduë, les chévres y auroient pû devenir sauvages presque ni plus ni moins que si je leur eusse donné la liberté de courir dans l'Isle. Et d'ailleurs je n'aurois jamais pû les attraper.

Ma haye étoit déja avancée d'environ cinquante aunes, lorsque cette pensée me vint. Je changeai donc de plan de mon enclos : & je résolus que sa longueur ne seroit que d'environ 120. aunes, & sa largeur que d'environ 200. Cela me suffisoit : cet espace étoit assez grand pour qu'un troupeau médiocre de boucs pût s'y maintenir. Que s'il devenoit fort grand, il m'étoit aisé d'étendre mon enclos.

Comme ce projet me paroissoit bien inventé, j'y travaillai avec beaucoup de vigueur: & pendant tout cet intervalle, je faisois paître mes chevreaux auprés de moi, avec des entraves aux jambes, de crainte qu'ils ne s'enfuïssent. Je leur donnois souvent des épics d'orge, & quelques poignées de ris. Ils les prenoient dans ma main, & de cette maniere je les rendis tellement aprivoisez, que lorsque mon enclos fut fini, & que je les eus débarassez de leurs entraves, ils me suivoient par tout bêlant pour quelques poignées d'orge ou de ris.

Dans l'espace d'un an & demi, j'eus un troupeau de douze, tant boucs que chevres & chevreaux ; & deux ans aprés j'en
eus

eus 43. quoique j'en eusse tué plusieurs pour mon usage. Je travaillai après cela à faire cinq nouveaux enclos, mais plus petits que le premier. J'y fis plusieurs petits parcs, pour y chasser les chevres, afin de les prendre plus commodément, & des portes afin qu'elles pussent passer d'un enclos dans un autre.

Ce ne fut qu'assez tard, que je songeai à profiter du lait de mes chevres. La premiere pensée que j'en eus, me causa un trés-grand plaisir. Ainsi sans balancer long-tems, je fis une laiterie. Mes chevres me rendoient quelquefois huit ou dix pintes de lait par jour : je n'avois jamais trait ni vache, ni chevre, & n'avois jamais vû faire le beure ni le fromage, mais comme la Nature, en fournissant aux animaux tous les alimens qui leur sont nécessaires, leur dicte aussi les moyens d'en faire usage ; ainsi moi je vins à bout, après néanmoins bien des essais & plusieurs fausses tentatives, je vins à bout, dis-je, de faire du beurre & du fromage. Et depuis je n'en ai jamais manqué.

Que la bonté de Dieu paroît bien visiblement, en ce qu'il tempere les conditions qui semblent les plus affreuses, de marques toutes particulieres de son affection ! Par combien de manieres ne peut-il pas adoucir l'état le plus fâcheux, & fournir à ceux-là mêmes qui sont dans les plus noirs cachots de puissans motifs pour

C 3   lui

lui rendre leurs plus sinceres actions de graces ! Quelle aparence pour moi que dans ce Desert, où je croyois perir de faim, j'y dusse trouver une table aussi abondante !

Il n'y a point de Stoïcien, qui ne se fût diverti de me voir dîner avec toute ma famille. J'étois le Roy & le Seigneur de toute l'Isle: Maître absolu de tous mes Sujets, j'avois en ma puissance leur vie & leur mort. Je pouvois les pendre, les écarteler, les priver de leur liberté & la leur rendre. Point de rebelles dans mes Etats.

Je dînois comme un Roy à la vûë de toute ma Cour : mon Perroquet, comme s'il eût été mon favori, avoit seul la permission de parler. Mon chien, qui presentement étoit devenu vieux & chagrin, & qui n'avoit pas trouvé d'animaux de son espéce pour la multiplier, étoit toûjours assis à ma droite. Mes deux chats étoient l'un à un bout de la table, & l'autre à l'autre bout, attendant que par une faveur speciale, je leur donnasse quelques morceaux de viande.

Ces deux chats n'étoient pas les mêmes que ceux que j'apportai avec moi du Vaisseau. Il y avoit long-tems qu'ils étoient morts & enterrez de mes propres mains. Mais l'une ayant fait des petits, de je ne sçai qu'elle espece d'animal, j'aprivoisai ces deux là, car les autres s'enfuïrent dans les bois & devinrent sauvages. Ils s'étoient tellement multipliez, qu'ils me devinrent très-incommodes.

modes. Ils pilloient tout ce qu'ils pouvoient attraper de mes provisions : je ne pus m'en défaire qu'en les tuant.

Je souhaitois fort d'avoir mon canot ; mais je ne pouvois me resoudre à m'exposer à de nouveaux hazards. Quelques fois je songeois aux moyens de l'amener en côtoyant dans ma Baye : & d'autrefois je m'en consolois. Mais il me prit un jour une si violente envie de faire un voyage à la pointe de l'Isle où j'avois déja été, & d'observer de nouveau les Côtes en montant sur la petite colline dont j'ai parlé ci-dessus, que je ne pûs resister à mon penchant. Je m'y acheminai donc. Si dans la Province de *Yorch* on rencontroit un homme dans l'équipage où j'étois alors, où l'on s'épouvanteroit, ou l'on feroit des éclats de rire extraordinaires. Formez-vous une idée de ma figure sur ce crayon abregé que j'en vais faire.

Je portois un chapeau d'une hauteur effroyable, & sans forme, fait de peaux de chévres. J'y avois attaché par derriere la moitié d'une peau de bouc, qui me couvroit tout le cou ; c'étoit afin de me préserver des chaleurs du Soleil, & que la plûye n'entrât pas sous mes habits ; car dans ces Climats rien n'est plus dangereux.

J'avois une espéce de robe courte, faite de même que mon chapeau, de peaux de chevres. Les bords en descendoient jusques sous mes genoux : mes culottes étoient tout

tout ouvertes, c'étoit la peau d'un vieux bouc. Le poil étoit d'une longueur si extraordinaire, qu'il descendoit, tout comme font les Pantalons, jusqu'au milieu de ma jambe. Je n'avois ni bas, ni souliers, mais je m'étois fait pour couvrir mes jambes une paire de je ne sai quoi, qui ressembloit néanmoins assez à des bottines : je les attachois comme on fait les guêtres. Elles étoient de même que tous mes autres habits, d'une forme étrange & barbare.

J'avois un ceinturon fait de la même étoffe que mes habits. Au lieu d'une épée & d'un sabre, je portois une scie & une hâche, l'une d'un côté & l'autre de l'autre. Je portois un autre ceinturon, mais qui n'étoit pas aussi large, il pendoit par dessus mon cou, & à son extremité qui étoit sous le bras gauche, pendoient deux poches faites de la même matière que le reste ; dans l'une je mettois ma poudre, & dans l'autre ma dragée. Sur mon dos je portois une corbeille, sur mes épaules un fusil & sur ma tête un parasol assez grossierement travaillé, mais qui pourtant après mon fusil étoit ce dont j'avois le plus de besoin.

Pour mon visage il n'étoit pas aussi brûlé qu'on l'auroit pû croire d'un homme qui n'en prenoit aucun soin, & qui n'étoit éloigné de la Ligne équinoxiale que de huit à neuf degrez. Pour ma barbe je l'avois une fois laissé croître jusques à la longueur d'un d'un quart d'aune, mais comme j'avois des cizeaux & des rasoirs, je me la coupois ordinairement d'assez prés, hors celle qui me croissoit sur la lévre supérieure. Je m'étois fait un plaisir d'en faire une moustache à la Mahometane, & telle que la portoient les Turcs que j'avois vû à *Salé*: car les Mores n'en portent point. Je ne déciderai pas ici que mes moustaches étoient si longues que j'y aurois pû pendre mon chapeau, mais j'ose bien dire qu'elles étoient d'une longueur & d'une conformation si monstrueuse, qu'en Angleterre elles auroient paru effroyables.

Mais ceci soit dit en passant. Je reviens au recit de mon voyage. J'y employai cinq ou six jours, marchant d'abord le long des Côtes, droit vers l'endroit où j'avois mis autrefois mon canot à l'ancre. De là je découvris bien aisément la colline, où j'avois fait mes observations. J'y montai, & quel ne fut pas mon étonnement, de voir la mer calme & tranquille. Point de mouvement impetueux, point de Courant, non plus que dans ma petite Baye.

Je donnai la torture à mon esprit, afin de penetrer les raisons de ce changement. Je me résolus à observer la mer pendant quelque tems; car je conjecturois que le furieux Courant dont j'ai parlé, n'avoit d'autre cause que le reflux de la marée. Je ne fus pas long-tems sans être au fait de cet étrange mutation de la mer. Car je vis, à

n'en

n'en pouvoit pas douter, que le reflux de la marée, partant de l'*Oüeſt*, & ſe joignant au cours de quelque riviere, étoit la cauſe du Courant qui m'avoit emporté avec tant de violence. Et ſelon que les vents de l'*Oüeſt* & du *Nord*, étoient plus ou moins violents, le courant auſſi s'étendoit juſque ſur l'Iſle, ou ſe perdoit à une moindre diſtance dans la mer. Il étoit avant midy lorſque je faiſois toutes ces obſervations, mais celles que je fis ſur le ſoir me confirmerent dans mon opinion. Je revis le courant, tout de même que je l'avois vû autrefois, avec cette difference pourtant, qu'il ne portoit pas directement à mon Iſle, il s'en éloignoit d'une demi lieuë.

De toutes ces obſervations je conclus qu'en remarquant le tems du flux & du reflux de la marée, il me ſeroit trés-aiſé d'amener mon canot auprès de ma maiſon. Mais le ſouvenir des dangers paſſez me cauſoit une frayeur ſi extraordinaire, que je n'oſai jamais porter ce projet à ſon exécution. Je n'y pouvois ſonger ſans frayeur. J'aimai mieux prendre un autre réſolution, qui étoit plus ſûre, quoique plus laborieuſe, c'étoit de faire un autre canot. Ainſi J'en aurois eu deux, l'un pour ce côté de l'Iſle & l'autre pour l'autre côté.

J'avois donc à preſent deux plantations, s'il eſt permis de m'exprimer ainſi. L'une étoit ma tente ou ma petite fortereſſe, entourée de ſa paliſſade & creuſée dans le roc : j'y avois
plu-

plusieurs apartemens ou caves. Dans celle qui étoit la moins humide & la plus grande, & qui avoit une porte pour sortir hors de la palissade, j'y tenois les grands pots de terre dont j'ai fait ci-dessus la description, & 14. ou 15. grandes corbeilles dont chaque contenoit 5. ou 6. boisseaux. Dans ces corbeilles je m'étois mes provisions & particulierement mes grains ; les uns encore dans leurs épics, & les autres tous nuds, les ayant froissez hors de leurs épics avec les mains.

Les pieux de ma palissade étoient devenus de grands arbres & tellement touffus, qu'il étoit comme impossible d'apercevoir, qu'ils renfermassent dans leur centre aucune espece de lieu habité.

Tout auprès, mais dans un lieu moins élevé, j'avois comme une petite terre pour y semer mes grains. Et comme je la tenois toujours fort bien cultivée, j'en tirois chaque année une abondante recolte. S'il y avoit eu de la necessité pour moi, d'avoir plus de grains, j'aurois pu l'agrandir sans beaucoup de peine.

Outre cette plantation, j'en avois une autre assez considerable, je l'apellois ma maison de campagne. J'y avois un petit berceau, que j'entretenois avec beaucoup de soin, c'est à-dire que j'émondois la haye qui fermoit ma plantation, de maniere qu'elle n'excedât pas sa hauteur ordinaire. Les arbres qui au commencement n'étoient que des pieux,

mais

mais qui étoient devenus hauts & fermes, je les cultivois de façon qu'ils puſſent étendre leurs branches, devenir touffus & par-là jetter un agréable ombrage. Au milieu de ce circuit, j'y avois ma tente. C'étoit une piece d'une voile que j'avois étenduë ſur des perches. Sous cette tente je plaçai un lit de repos, ou une petite couche faite de la peau des bêtes que j'avois tué & d'autres choſes molles. Une couverture de lit que j'avois ſauvée du naufrage & un gros ſurtout ſervoient à me couvrir. Voilà quelle étoit la maiſon de campagne où je me retirois lorſque mes affaires ne me retenoient point dans ma capitale.

A côté, & tout aux environs de mon berceau, étoient les pâturages de mon bétail, c'eſt-à-dire de mes chevres. Et comme j'avois pris des peines inconcevables à partager ces pâturages en divers enclos, j'étois auſſi fort ſoigneux d'en preſerver les hayes. Je portai même mon travail ſur cet article, juſqu'à planter tout autour de mes hayes de petits pieux en trés-grand nombre & fort ſerrez. C'étoit une paliſſade plûtôt qu'une haye. On n'y pouvoit pas fourrer la main, & dans la ſuite, ces pieux ayant pris racine, & étant crûs, comme ils firent par le premier tems pluvieux, rendirent mes hayes auſſi fortes & même plus fortes que les meilleures murailles.

Tous ces travaux témoignent bien que
je

je n'étois pas paresseux, & que je n'épargnois ni soins ni peines pour me procurer dequoi vivre avec quelque aise. » Le trou-
» peau de boucs, *disois-je en moi-même*, est
» pour toute ma vie, fut-elle de quarante
» années, un magasin vivant de viande, de
» lait, de beurre, & de fromage. Je ne
» dois donc rien négliger pour ne pas les
» perdre.

Mes vignes étoient aussi dans ces quartiers : j'en tirois des provisions de raisins pour tout l'hyver. Je les ménageois avec toute la précaution possible. C'étoient mes mets les plus délicieux. Ils me servoient de Médecine, de nourriture & de rafraichissemens.

D'ailleurs cet endroit étoit justement à mi-chemin de ma Forteresse & de la Baye, où j'avois mis mon canot. Lorsque j'allois le visiter, je m'arrêtois ici & y couchois une nuit. J'ai toûjours eu grand soin de mon canot : je prenois beaucoup de plaisir à me promener sur la mer, mais ce n'étoit que sur ses bords. Je n'osois m'en éloigner tout au plus que de deux jets de pierre. J'aprehendois que le vent, quelque Courant, ou quelqu'autre hazard ne m'emportât bien loin de mon Isle. Mais me voici insensiblement arrivé à une condition de vie bien differente de celle que j'ai dépeint jusqu'ici.

Un jour, comme j'allois à mon canot, je découvris trés-distinctement sur le sable
les

les marques d'un piéd nud d'homme. Je n'eus jamais une plus grande frayeur : je m'arrêtai tout court, comme si j'eusse été frapé du foudre, ou comme si j'eusse eu quelqu'aparition. Je me mis aux écoutes, je regardai tout autour de moi, mais je ne vis rien & je n'entendis rien : Je montai sur une petite éminence pour étendre ma vûë, j'en descendis & j'allai au rivage, mais je n'aperçûs rien de nouveau, aucune autre vestige d'hommes que celui dont j'ai parlé, J'y retournay, dans l'esperance que ma crainte n'étoit peut-être qu'une imagination sans fondement, mais je revis les mêmes marques d'un pied nud, les orteils, le talon & tous les autres indices d'un pied d'homme, je ne sçavois qu'en conjecturer. Il me vint une infinité de pensées effrayantes : je m'enfuis à ma Fortification tout troublé, regardant derriere moi presqu'à chaque pas, & prenant tous les buissons que je rencontrois pour des hommes. Il n'est pas possible de décrire les diverses figures, qu'une imagination effrayée trouve dans les objets. Combien d'idées folles & de pensées bizarres ne m'est-il pas venu dans l'esprit, pendant que je m'enfuïois à ma Forteresse.

Je n'y fus pas plûtôt arrivé, que je m'y jettai comme un homme qu'on poursuit. Il ne me souvient pas si j'y entrai ou par l'échelle où par le trou qui étoit dans le roc, & que j'apellois une porte. J'étois trop effrayé pour

en

en garder le souvenir. Jamais lapin ni renard ne se terra avec plus de frayeur que je me sauvai dans mon château, car c'est ainsi que je l'apellerai dans la suite.

Je ne pûs dormir de toute la nuit, à mesure que je m'éloignois de la cause de ma frayeur : mes craintes s'augmentoient aussi. Bien opposé à cet égard à ce qui arrive ordinairement à tous les animaux qui ont peur. Mais mes idées effrayantes me troubloient tellement, que bien qu'éloigné de l'endroit où j'avois pris cette crainte, mon imagination ne me representoit rien qui ne fût triste & affreux. Je m'imaginois quelquefois, que c'étoit le *Diable* : j'en avois cette raison : Qu'il étoit impossible pour un homme d'être venu dans cet endroit. Où étoit le Vaisseau qui l'avoit amené ? y avoit-il quelqu'autre marque d'aucun pied d'homme dans toute l'Isle: Mais cependant, disois-je, quelle aparence, que *Satan*. se revête dans cette Isle d'une figure humaine. Quel pourroit être en cela son but ; pourquoi laisser une marque de son pied ? étoit-il sûr que je la rencontrasse: Le Diable n'avoit-il pas d'autres moyens de m'éffrayer ? Je vivois dans l'autre quartier de l'Isle, & s'il eût eu le dessein de me donner de la terreur, il n'auroit pas été si simple, que de laisser des vestiges si équivoques, dans un lieu où il y avoit dix mille contre un, que je ne le verrois pas ; dans un lieu qui sablonneux ne pouvoit pas conserver long-

long-tems ces marques, qui y étoient imprimées. En un mot, la conjecture que Satan avoit fait cette marque, ne pouvoit pas s'accorder avec les idées que nous avons de sa subtilité & de son adresse.

Toutes ces preuves étoient plus que suffisantes pour détourner mon esprit de la crainte du Diable, & pour me faire conclurre que des Etres encore plus dangereux étoient la cause de ce que je venois d'apercevoir; je m'imaginai que ce ne pouvoit être que des Sauvages du Continent, qui ayant mis en mer avec leurs Canots, avoient été portez dans l'Isle par les vents contraires, ou par les Courans & qui avoient eu aussi peu d'envie de rester sur ce rivage desert, que j'en avois de les y voir.

Pendant que ces reflexions rouloient dans mon esprit, je rendois graces au Ciel, de ce que je n'avois pas été alors dans cet endroit de l'Isle, & de ce qu'ils n'avoient pas remarqué ma chaloupe, dont ils auroient certainement conclû, que l'Isle étoit habitée, ce qui les auroit pû porter à me chercher & à me découvrir.

Dans certains momens je m'imaginois que ma chaloupe avoit été trouvée, & cette pensée m'agitoit de la maniere la plus cruelle; je m'attendois à les voir revenir en plus grand nombre, & je craignois, que quand même je pourrois me derober à leur barbarie, ils ne trouvassent mon enclos, ne détruisissent

mon

mon bled, n'emmenassent mon troupeau & ne me forçassent à mourir de disette.

C'est alors que mes aprehensions bannirent de mon cœur toute ma confiance en Dieu, fondée sur l'expérience merveilleuse que j'avois faite de ses bontez pour moi, comme si celui qui jusqu'à ce jour m'avoit nourri par une espéce de miracle, manquoit de pouvoir pour me conserver les choses que j'avois reçûës de ses mains paternelles. Dans cette situation je me reprochois la paresse de n'avoir semé qu'autant de grain qu'il m'en falloit jusqu'à la saison nouvelle, & je trouvois ce reproche si juste, que je pris la résolution de me pourvoir toûjours pour deux ou trois années, afin de n'être pas exposé à périr de faim, quelqu'accident qui pût m'arriver.

De combien de sources secrettes opposées les unes aux autres, les differentes circonstances ne font-elles pas sortir nos passions? Nous haïssons le soir, ce que nous avions chéri le matin: nous évitons aujourd'hui, ce que nous avions cherché hier, nous désirons un objet avec passion, & quelques momens aprés nous ne saurions seulement en soutenir l'idée. J'étois alors un triste & vif exemple de cette verité. Autrefois je m'affligeois mortellement de me voir entouré du vaste Ocean, condamné à la solitude, banni de la Societé humaine; je me regardois comme un homme que le Ciel trouvoit indigne d'être au nombre des vivans, & de tenir le moindre rang parmi les Créatures. La seule vûë d'un homme m'auroit paru une espece de résurrection, & la plus grande grace, aprés le Salut, que je puisse obtenir de sa bonté divine. A present je tremble à la seule idée d'un Etre de mon espéce; l'ombre d'une Créature humaine, un seul de ses vestiges me cause les plus mortelles frayeurs.

Telles sont les vicissitudes de la vie humaine; source féconde de réflexions pour moi lorsque je me trouvois dans une assiette plus calme.

Dés que je fus un peu remis des mes allarmes, je consideray que ma triste situation étoit l'effet d'une Providence infiniment bonne, infiniment sage; qu'incapable d'un côté de pénetrer dans les vûës de la sagesse suprême à mon égard, je commettois de l'autre la plus haute injustice, en prétendant me soustraire à la Souveraineté d'un Etre, qui comme mon Créateur à un droit absolu de disposer de mon sort, & qui comme mon Juge est le maître de me punir, comme il le trouve à propos ; puisque je m'étois attiré son indignation par mes pechez, c'étoit à moi à plier sous ses chatîmens. Je songeai que Dieu aussi puissant que juste, ayant trouvé bon de m'affliger, avoit le pouvoir de me tirer de mes malheurs, & que s'il continuoit à appesantir sa main sur moi, j'étois obligé à attendre dans une résignation parfaite, les

di-

directions de sa Providence, en continuant d'espérer en lui, & de lui adresser mes Priéres.

Ces réfléxions m'occuperent des heures, des jours, & même des semaines & des mois, & je ne saurois m'empêcher d'en raporter une particularité qui me frapa beaucoup. Un matin étant dans mon lit, inquiet par mille pensées touchant le danger que j'avois à craindre des Sauvages du Continent, je me trouvai dans l'accablement le plus triste, quand tout d'un coup ce Passage me vint dans l'esprit: *Invoque-moi au jour de ta détresse, & je t'en délivrerai, & tu me glorifieras.*

Là-dessus je me léve, non seulement rempli d'un nouveau courage, mais encore porté à demander à Dieu ma délivrance par les plus ferventes priéres; quand elles furent finies, je pris la Bible, & en l'ouvrant, les premieres paroles qui fraperent mes yeux, étoient celles-ci: *Attens-toy au Seigneur, & aye bon courage, & il fortifiera ton cœur; attens-toy, dis-je, au Seigneur.* La consolation, que j'en tirai, fut inexprimable. Elle remplit mon ame de reconnoissance pour la Divinité, & dissipa absolument mes frayeurs.

Parmi ce flux & reflux de pensées & d'inquiétudes je me mis dans l'esprit un jour, que le sujet de ma crainte n'étoit peut-être qu'une chimere, & que le vestige que j'avois remarqué, pourroit bien être la marque de mon propre pied. Peut-être, dis-je, en sortant de ma chaloupe ai-je pris le même chemin, qu'en y rentrant ; mes propres vestiges m'ont effrayé ; & j'ai joüé le rolle de ces foux, qui font des histoires de Spectres, & d'apparitions, & qui ensuite sont plus allarmez de leurs fables que ceux, devant qui ils les débitent.

Là-dessus je repris courage, & je sortis de ma retraite pour aller fureter par tout à mon ordinaire : je n'étois pas sorti de mon Château, pendant trois jours & autant de nuits, & je commencois à languir de faim, n'ayant rien chez moi, que quelques biscuits, & de l'eau ; je songeai d'ailleurs que mes Chrévres avoient grand besoin d'être traites, ce qui étoit d'ordinaire mon amusement du soir. Je n'avois pas tort d'en être en peine, les pauvres animaux avoient beaucoup souffert, plusieurs en étoient gâtez absolument, & le lait de la plûpart étoit désseché.

Encouragé donc par la pensée que je n'avois eu peur que de ma propre ombre, je fus à ma maison de Campagne pour traire mon troupeau ; mais on m'auroit pris pour un homme agité par la plus mauvaise conscience, à voir avec quelle crainte je marchois, combien de fois je regardois ; derriere moi, à me voir de tems en tems poser à terre mon sçeau à lait, & courir comme s'il s'agissoit de me sauver la vie.

Cependant y ayant été de cette maniére

là pendant deux ou trois jours je devins plus hardi, & je me confirmai dans le sentiment que j'avois été la dupe de mon Imagination; je ne pouvois pas pourtant en être pleinement convaincu avant que de me transporter sur les lieux, & de mesurer le vestige, qui m'avoit donné tant d'inquiétude. Dés que je fus dans l'endroit en question je vis évidemment qu'il n'étoit pas possible que je fusse sorti de ma Barque prés de-là, qui plus est je trouvai le *vestige* dont il s'agit bien plus grand que mon pied, ce qui remplit mon cœur de nouvelles agitations, & mon cerveau de nouvelles vapeurs, un frisson me saisit, comme si j'avois eu la fiévre, & je m'en retournai chez moi, persuadé que des hommes étoient descendus sur ce Rivage, ou bien, que l'Isle étoit habitée, & que je courois risque d'être attaqué à l'improviste sans savoir de quelle maniére me précautionner.

Dans quelles bisarres résolutions les hommes ne donnent-ils pas quand ils sont agitez par la crainte ! cette passion les détourne de se servir des moyens que la Raison même leur offrir pour les secourir. Je me proposai d'abord de jetter à bas mes enclos, de faire rentrer dans les bois mon troupeau aprivoisé, & d'aller chercher dans un autre coin de l'Isle des commoditez paréilles à celles que je voulois sacrifier à ma conservation. Je résolus encore de renverser ma maison de campagne & ma hute & de bouleverser mes

deux

deux terres couvertes de blé, afin d'ôter aux Sauvages jusqu'aux moindres soupçons capables de les animer à la découverte des habitans de l'Isle.

C'étoit-là le sujet de mes réflexions pendant la nuit suivante, quand les frayeurs qui avoient saisi mon ame, étoient encore dans toute leur force. C'est ainsi que la peur du danger est mille fois plus effrayante que le danger même, quand on le considere de prés; c'est ainsi que l'inquiétude, que cause un mal éloigné, est souvent infiniment plus insuportable, que le mal même. Ce qu'il y avoit de plus affreux dans ma situation, c'est que je ne tirai aucun secours de la résignation qui m'avoit été autrefois si familiére. Je me considerai comme un autre *Saül*, qui se plaignoit non seulement, que les Philistins étoient sur lui, mais encore que Dieu l'avoit abandonné: je ne songeois point à me servir des véritables moyens de me tranquiliser, en criant à Dieu dans mes inquiétudes, & en me reposant sur sa Providence, comme j'avois fait autrefois. Si j'avois pris cette même route, je me serois roidy avec plus de fermeté contre mes nouvelles apréhensions, & je m'en serois débarassé avec une résolution plus grande.

Cette confusion de pensées me tint éveillé pendant toute la nuit, mais à l'aproche du jour je m'endormis, & la fatigue de mon ame, & l'épuisement de mes esprits me procurérent

rent un sommeil trés-profond. Quand je me réveillai, je me trouvai beaucoup plus tranquille, & je commençai à raisonner sur mon état d'une maniére calme. Aprés un long plaidoyé avec moi-même, je conclus qu'une Isle si agréable, si fertile, si voisine du Continent ne devoit pas être tellement abandonnée, que j'avois crû. Qu'à la verité il n'y avoit point d'Habitans fixes, mais qu'apparemment on y venoit quelquefois avec des chaloupes, ou de propos déliberé, ou par la force des vents contraires. De l'expérience de quinze années, dans lesquelles j'avois jusqu'ici vécu, & n'avois pas aperçû seulement l'ombre d'une Créature humaine, je croyois pouvoir inferer que de tems en tems les gens du continent étant forcez d'y prendre terre, ils se rembarquoient dés qu'ils pouvoient, puisque jusqu'ici ils n'avoient pas trouvé à propos de s'y établir. Je vis parfaitement bien que tout ce que j'avois à craindre, c'étoit ces descentes accidentelles, contre lesquelles la prudence vouloit que je cherchasse une retraîte sure.

Je commençai alors à me repentir d'avoir percé ma Caverne si avant, & de lui avoir donné une sortie dans l'endroit où ma fortification joignoit le Rocher. Pour remedier à cet inconvenient, je résolus de me faire un second retranchement dans la même figure d'un demi-cercle, à quelque distance de mon rempart, justement là où douze ans
avant

avant j'avois planté une double rangée d'arbres. Je les avois mis si serrez, qu'il ne me falloit qu'un petit nombre de palissades entre deux, pour en faire une fortification suffisante.

De cette maniére j'étois retranché dans deux remparts: celui de dehors étoit rembarré de pieces de Bois, de vieux cables & de tout ce que j'avois jugé propre à le renforcer & je le rendis épais de plus de dix pieds, à à force d'y aporter de la terre, & de lui donner de la consistance en marchant dessus. J'y fis cinq ouvertures assez larges pour y passer le bras, dans lesquelles je mis les cinq Mousquets que j'avois tiré du Vaisseau, comme j'ai dit auparavant, & je les plaçai en guise de canon sur des espéces d'affuts, de telle maniére que je pouvois faire feu de toute mon Artillerie, en deux minutes de tems; je me fatiguai pendant plusieurs mois à mettre ce retranchement dans sa perfection, & je n'eûs point de repos avant que de le voir fini.

Cet ouvrage étant achevé, je remplis un grand espace de terre hors du rempart, de rejettons d'un bois semblable à de l'osier, propre à s'affermir & à croître de tems en tems; je crois que j'en fichai dans la terre dans une seule année plus de vingt mille, de maniére que je laissois un vuide assez grand entre ces bois & mon rempart, afin de pouvoir découvrir l'ennemi, & qu'il ne pût me dresser des em-

embuches au milieu de ces jeunes arbres.

Deux ans après il formoient déja un bocage épais ; & dans six ans j'avois devant ma demeure une forêt d'une telle épaisseur & d'une si grande force, qu'elle étoit absolument impénétrable, & qu'ame qui vive ne se seroit mis dans l'esprit, qu'elle cachât l'habitation d'une Créature humaine.

Comme je n'avois point laissé d'avenuë à mon Château, je me servois pour y entrer, & pour en sortir de deux échelles ; avec la premiere je montois jusqu'à un endroit du Roc, où il y avoit place pour poser la seconde, & quand je les avois retirées, l'une & l'autre, il n'étoit pas possible à Ame vivante de venir à moi, sans courir les plus grands dangers. D'ailleurs, quand quelqu'un auroit eu assez de bonheur pour descendre du Roc, il se seroit encore trouvé au-de-là de mon retranchement extérieur.

C'est ainsi que je pris pour ma conservation toutes les mesures, que la prudence humaine étoit capable de me suggérer ; & l'on verra bien-tôt, que ces précautions n'étoient pas absolument inutiles, quoique ce ne fût alors qu'une crainte vague qui me l'inspirât.

Pendant ces occupations je ne laissois pas d'avoir l'œil sur mes autres affaires, je m'interressois sur tout dans mon petit troupeau de Chévres, qui commençoit non seulement à être d'une grande ressource pour moi dans les occasions presentes, mais qui

*Tome II.* E pour

pour l'avenir me faisoit esperer l'épargne de mon plomb, de ma poudre, & de mes fatigues, que sans elles j'aurois dû employer dans la chasse des Chévres sauvages. J'aurois été au desespoir, de perdre un avantage si considérable, & d'être obligé à la peine d'assembler & d'élever un troupeau nouveau.

Aprés une mûre déliberation, je ne trouvai que deux moyens de les mettre hors d'insulte. Le premier étoit de creuser une autre Caverne sous terre, & de les y faire entrer toutes les nuits; & le second de faire deux ou trois autres petits enclos, éloignez les uns des autres, & les plus cachez qu'il fut possible, dans chacun desquels je pusse renfermer une demi-douzaine de jeunes Chévres, afin que si quelque desastre arrivoit au troupeau en général, je pusse le remettre sur pied en peu de tems, & avec peu de peine : quoique ce dernier parti demandât beaucoup de fatigue & de tems, il me parût le plus raisonnable.

Pour éxécuter ce dessein, je me mis à parcourir tous les recoins de l'Isle, & je trouvai un endroit aussi détourné que je le souhaitois. C'étoit une piéce de terre unie au beau milieu des bois les plus épais, où, comme j'ai dit, j'avois failli à me perdre un jour en revenant de la partie Orientale de l'Isle. C'étoit déja une espéce d'enclos dont la Nature avoit presque fait tous les frais & qui par conséquent n'exigeoit pas un travail si rude,

rude, que celui que j'avois employé à mes autres enclos.

Je mis aussi-tôt la main à l'œuvre, & dans moins d'un mois, j'avois si bien aidé la nature, que mes chévres qui étoient déja passablement bien apprivoisées, pouvoient être en sureté dans cet azile; j'y conduisis d'abord deux femelles, & deux mâles, après quoi je me mis à perfectionner mon ouvrage à loisir.

Le seul vestige d'un homme me coûta tout ce travail, & il y avoit déja deux ans que je vivois dans ces transes mortelles, qui répandoient une grande amertume sur ma vie, comme s'imagineront sans peine tous ceux qui savent ce que c'est que d'être engagé perpetuellement dans les piéges d'une terreur panique. Je dois remarquer ici avec douleur que les troubles de mon esprit dérangeoient extrêmement ma pieté; car la crainte de tomber entre les mains des Anthropophages, occupoit tellement mon imagination, que je me trouvois rarement en état de m'adresser à mon Créateur avec ce calme, & cette résignation, qui m'avoit été autrefois ordinaire. Je ne priois Dieu qu'avec l'accablement d'un homme environné de dangers, & qui doit s'attendre chaque soir à être mis en piéces, & mangé avant la fin de la nuit, & ma propre experience m'oblige d'avoüer qu'un cœur rempli de tranquilité, d'amour & de reconnoissance pour son Créa-

E 2 teur,

teur, est beaucoup plus propre à cet exercice de pieté, qu'une ame saisie, & troublée par de continuelles aprehensions. A mon avis le dérangement d'esprit causé par la crainte d'un malheur prochain nous rend quelquesfois aussi incapables de former une bonne priere, qu'aucune maladie qui nous atterre dans un lit de mort, nous rend peu disposez à une veritable repentance.

La priere est une acte de l'esprit, & un esprit malade doit avoir bien de la peine à s'en acquiter comme il faut.

Après avoir mis de cette maniere en sureté une partie de ma provision vivante, je parcourus toute l'Isle, pour chercher un second lieu propre à recevoir un pareil dépôt. Un jour m'avançant d'avantage vers la pointe Occidentale de l'Isle, que je n'avois encore fait, je crus voir d'une hauteur où j'étois une chaloupe bien avant dans la mer : j'avois trouvé quelques lunettes d'aproche, dans un des Coffres que j'avois sauvé du Vaisseau mais par malheur je n'en avois pas alors sur moi, & je ne pus pas distinguer l'objet en question, quoique j'eusse fatigué mes yeux à force de les y fixer. Ainsi je restai dans l'incertitude, si c'étoit une chaloupe ou non, & je pris la résolution de ne plus sortir jamais sans une de mes lunettes.

Etant descendu de la colline, & me trouvant dans un endroit où je n'avois jamais été auparavant, je fus pleinement convaincu,

qu'un

qu'un vestige d'homme n'étoit pas une chose fort rare dans mon Isle, & que si une Providence particuliére ne m'avoit pas jetté du côté où les Sauvages ne venoient jamais, j'aurois sû qu'il étoit très-ordinaire aux *Canots* du Continent de chercher une rade dans cette Isle, quand ils se trouvoient par hasard trop avant dans la haute mer. J'aurois apris encore qu'aprés quelque combat naval, les Vainqueurs menoient leurs prisonniers sur mon Rivage, pour les tuer & pour les manger en vrais Cannibales, comme ils étoient.

Ce qui m'instruisit de ce que je viens de dire, étoit un spectacle que je vis alors sur le Rivage du côté du Sud-Oüest, spectacle qui me remplit d'étonnement, & d'horreur; j'apperçûs la terre parsemée de cranes, de mains, de pieds, & d'autre ossemens d'hommes; j'observai près de là les restes d'un feu & un banc creusé dans la terre, en forme de cercle, où sans doute ces abominables Sauvages s'étoient placez pour faire leur affreux Festin.

Cette cruelle vûe suspendit pour quelque tems les idées de mes propres dangers, toutes mes apprehensions étoient étouffées par les impressions que me donnoit cette brutalité infernale. J'en avois entendu parler souvent, & cependant la vuë m'en choque alors comme si la chose ne m'étoit jamais entrée dans l'imagination; je détournai mes yeux de ces horreurs, je sentis de cruelles pensées, & je serois tombé en foiblesse si la nature ne m'avoit soulagé par un vomissement trés-violent ; quoique revenu à moi-même je ne pûs me résoudre à rester dans cet endroit & je tournai mes pas du côté de ma demeure.

Quand je me fus éloigné de ce lieu horrible, je m'arrêtai tout court comme un homme frapé de foudre, & quand j'eûs repris mes sens j'élevai mes yeux au Ciel, & le cœur attendri, les yeux pleins de larmes, je rendis graces à Dieu de ce qu'il m'avoit fait naître dans une partie du monde éloignée d'un si abominable peuple ; je le remerciai de ce que dans ma condition que j'avois trouvée si miserable, il m'avoit donné tant de differentes consolations, sur tout celle de le connoître, & d'avoir lieu d'esperer en ses bontez ; félicité qui contrebalançoit abondamment toute la misere que j'avois soufferte, & que je pouvois souffrir encore.

L'ame pleine de ces sentimens de reconnoissance, je revins chez moi plus tranquille que je n'avois jamais été auparavant, parce que je remarquois que ces misérables n'abordoient jamais l'Isle dans le dessein de s'y mettre en possession de quelque chose, n'ayant pas besoin d'y rien chercher, ou ne s'attendant pas aparemment d'y trouver grand'chose, en quoi ils étoient peut-être confirmez par les courses qu'ils pouvoient avoir faites dans les forêts.

J'avois déja passé dix-huit ans sans renconcontre personne, & je pouvois esperer d'en passer encore autant avec le même bonheur, à moins de me découvrir moi-même, ce qui n'étoit nullement mon dessein, à moins que de trouver l'occasion de faire connoissance avec une meilleure espece d'hommes, que les Cannibales.

Cependant l'horreur qui me resta de leur brutale coûtume me jetta dans une espece de mélancolie, qui me tint pendant deux ans renfermé dans mes *propres Domaines*, j'entends par-là *mon Château, ma maison de campagne, & mon nouvel enclos dans les bois*; je n'allois dans ce dernier lieu qui étoit la demeure de mes chevres, que quand il le falloit absolument, car la nature m'inspiroit une si grande aversion pour ces abominables Sauvages, que j'avois aussi peur de les voir, que de voir le Diable en propre personne. Je n'avois garde non plus d'aller examiner l'état de ma chaloupe, & je résolus plûtôt d'en construire une autre ; car de faire le tour de l'Isle avec la vieille, afin de l'aprocher de mon habitation, il n'y falloit pas songer ; c'étoit le vrai moyen de les rencontrer en mer, & de tomber entre leurs mains.

Le tems & la certitude où j'étois que je ne courois aucun risque d'être déterré, me remit peu à peu dans ma maniere de vivre ordinaire, excepté que j'avois l'œil plus alerte qu'auparavant, & que je ne tirois plus mon fusil, de peur d'exciter la curiosité des Sauvages,

vages, si par hazard ils se trouvoient dans l'Isle. C'étoit par consequent un grand bonheur pour moi de m'être pourvû d'un Troupeau de Chévres aprivoisées, & de n'être pas contraint d'aller à la chasse des Sauvages; si j'en atrapois quelqu'une, ce n'étoit que par le moyen de piéges & de trapes. Je ne sortois pourtant jamais sans mon mousquet, & comme j'avois sauvé trois pistolets du Vaisseau, j'en avois toûjours deux pour le moins, que je portois dans ma ceinture de peau de Chévre. J'y ajoûtois un de mes grands coutelas que je m'étois mis à fourbir ; & pour lequel j'avois fait de la même peau un port'épée. On croira facilement que dans mes sorties j'avois l'air formidable, si l'on ajoûte à la description que j'ai faite auparavant de ma figure les deux pistolets, & ce large sabre, qui pendoit à mon côté sans fourreau.

Ces précautions nécessaires étoient la seule chose qui m'inquiétoient en quelque sorte, & considerant ma condition d'un œil tranquille, je commençai à ne la trouver guéres miserable en comparaison de bien d'autres ; en refléchissant là-dessus, je vis qu'il y auroit peu de murmure parmi les hommes dans quelque état qu'ils pussent se trouver, s'ils se portoit à la reconnoissance par la consideration d'un état plus déplorable, plûtôt que de nourir leurs plaintes, en portant leurs yeux sur ceux qui sont plus heureux.

Quoi-

Quoique peu de choses me manquassent, j'étois sûr pourtant que mes frayeurs, & les soins que j'avois eu de ma conservation avoient émoussé ma subtilité ordinaire dans la recherche de mes commoditez; entr'autres choses j'avois négligé par là un bon dessein qui m'avoit occupé autrefois, sçavoir de sécher une partie de mon grain & de le rendre propre à faire de la biére.

Cette pensée me paroissoit fort bisare à moi-même; à cause d'un grand nombre de moyens qui me manquoient pour parvenir à mon but; je n'avois point de tonneaux pour conserver ma biére, & comme j'ai déja observé, j'avois autrefois employé le travail de plusieurs mois pour en construire, sans pouvoir en venir à bout; d'ailleurs j'étois dépourvû de houblon pour la rendre durable, de levûre pour la faire fermenter, & de Chaudiére pour la faire boüillir; nonobstant tous ces inconvéniens, je suis persuadé que sans les aprehensions que m'avoient causé les Sauvages, je l'aurois entrepris, peut-être avec succez, puisque rarement j'abandonnois un dessein quand je me l'étois une fois fourré dans la tête, & que j'avois commencé à y mettre la main.

Mais à present mon esprit inventif s'étoit tourné de tout un autre côté, & je ne faisois que ruminer nuit & jour sur les moyens de détruire quelques uns de ces monstres au milieu de leurs divertissements.

san-

sanguinaires, & de sauver leur Victime, s'il étoit possible: je remplirois un plus grand volume que celui-ci de toutes les pensées qui me rouloient dans l'esprit sur la maniere de tuer une troupe de ces Sauvages, ou du moins de leur donner une allarme assez chaude pour les détourner de remettre jamais les pieds dans l'Isle; mais tout n'aboutissoit à rien, toute ma ressource étoit en moi-même, & que pouvoit faire un seul homme au milieu d'une trentaine de gens armez de Javelots, de Dards, & de Fléches dont les coups étoient étoient aussi sûrs, que ceux des armes à feu?

Quelquefois je songeois à creuser une mine sous l'endroit où ils faisoient leur feu, & d'y placer cinq ou six livres de poudre à canon, qui s'alumant dés que leur feu y pénétreroit, feroit sauter en l'air tout ce qui se trouveroit aux environs. Mais j'étois faché de perdre tout d'un coup tant de poudre de ma provision, qui ne consistoit plus que dans un seul baril; de plus je ne pouvois avoir aucune certitude du bon effet de ma mine, qui peut-être n'auroit fait que leur griller les oreilles, sans leur donner assez de frayeur pour abandonner l'Isle pour toûjours. Je renonçai donc à cette entreprise & je me proposai plûtôt de me mettre en embuscade dans un lieu convenable avec mes trois fusils chargez à double charge, & de tirer sur eux au milieu de leur cérémonie sanguinaire, sûr d'en tuer ou d'en blesser du moins, deux ou

trois

trois à chaque coup, & de venir facilement à bout du reste, quand ils seroient une vingtaine en tombant sur eux avec mes trois pistolets, & mon sabre.

J'employai plusieurs jours à chercher un endroit propre à mon entreprise, & je descendis même fréquemment vers le lieu de leur Festin, avec lequel je commençai à me familiariser; sur tout dans les temps que mon esprit étoit plein d'idées de vangeance & de carnage, je n'étois que plus animé à l'execution de mon dessein par les marques de la Barbarie de ces cruels Antropophages.

A la fin je trouvai un lieu dans un des côtez de la colline, où je pouvois attendre en sureté l'arrivée de leurs barques, & d'où, pendant qu'ils débarqueroient je me pouvois glisser dans le plus épais du bois; j'y avois découvert un arbre creux, capable de me cacher entiérement; de-là je pouvois épier toutes leurs actions, & viser sur eux, quand en mangeant ils seroient si serrez, qu'il seroit presque impossible de n'en pas mettre trois ou quatre hors de combat, du premier coup.

Content de cet endroit, & résolu d'executer mon entreprise tout de bon; je préparai deux Mousquets, & mon fusil de chasse, je chargeai chacun des premiers de feraille, & de quatre ou cinq balles de pistolet, & l'autre d'une poignée de la plus grosse dragée; je laissai couler aussi quatre balles sur cha-

chaque piſtolet, & dans cette poſture fourni de munitions pour une ſeconde & troiſiéme décharge, je me préparai au combat.

Dans cette réſolution je ne manquai pas de me trouver tous les matins au haut de la colline, éloignée de mon Château un peu plus d'une lieuë, mais je fus plus de deux mois en ſentinelle de cette maniere ſans faire la moindre découverte, & voir la moindre barque, non ſeulement auprés du Rivage, mais même dans tout l'Ocean autant que ma vûë aidée par mes lunettes pouvoit s'étendre.

Pendant tout ce tems-là mon deſſein ſubſiſtoit dans toute ſa vigueur, & je continuai à être dans toute la diſpoſition néceſſaire pour maſſacrer une trentaine de ces Sauvages, pour un crime dans lequel je n'étois interreſſé que par la chaleur d'un faux zéle animé par la coûtume inhumaine de ces barbares. Il ne me venoit pas ſeulement dans l'eſprit, que la Providence dans ſa direction infiniment ſage de ce monde avoit ſouffert, que ces pauvres gens n'euſſent pas d'autre guide pour leur conduite que leur propres paſſions corrompuës, & que par une tradition malheureuſe ils s'étoient familiariſez avec une coûtume affreuſe, ou rien n'auroit pû les porter que la corruption humaine, abandonnée du Ciel & ſoûtenuë par des inſtigations infernales.

A la fin la fatigue de tenter ſi long-tems en vain la même entrepriſe me fit raiſonner
avec

avec justesse sur l'action que j'allois commettre ; quelle autorité, dis-je, quelle vocation ai-je pour m'établir Juge & Boureau sur ces gens, que depuis plusieurs siécles le Ciel a permis d'être les éxécuteurs de sa justice les uns envers les autres ? quel droit ai-je de venger le Sang qu'ils répandent tour à tour, comment sçai-je ce que la divinité elle-même juge de cette action, qui me paroît si criminelle ? du moins est-il certain que ces Peuples, en la commettant, ne péchent point contre les lumiéres de leurs consciences, & qu'ils sont fort éloignez de la considerer comme un crime ? Ils n'ont pas le moindre dessein de braver la Justice Divine comme nous faisons nous autres dans la plûpart de nos péchez : Il ne se font pas une plus grande affaire de tuer un prisonnier, & de le manger, que nous de tuer un Bœuf, ou de manger un Mouton.

Il suivoit de-là, que mon entreprise n'étoit rien moins que légitime, & que ces Sauvages ne devoient non plus passer pour meurtriers, que les Chrétiens, qui dans un combat font passer sans quartier au fil de l'épée des troupes entieres de leurs ennemis, quoiqu'ils ayent mis bas les armes.

Enfin suposé que rien ne soit plus criminel que la brutalité de ces Peuples, ce n'étoit pas mon affaire ; ils ne m'avoient jamais offensé personnellement, & ce que j'entreprenois, ne pouvoit être excusé que par

par la nécessité de me défendre moi-même contre leurs attaques, desquelles je n'avois rien à craindre; ces gens ne me connoissant pas seulement, bien loin de former des desseins contre ma vie. En formes contre la leur, c'étoit justifier la barbarie, par laquelle les Espagnols avoient détruit des millions d'Afriquains, qui bien que Barbares, & Idolâtres, coupables de cérémonies les plus horribles, comme celle, par exemple, d'immoler des hommes à leurs Idoles, étoient pourtant un Peuple fort innocent par raport à leurs bourreaux.

Aussi est-il certain que les Espagnols eux-mêmes conspirent avec tous les autres Chrétiens à parler de cette destruction, comme d'un carnage abominable, qu'il n'est pas possible de justifier, ni devant Dieu, ni devant les hommes. Le nom même d'*Espagnols* est devenu par là terrible à tous les Peuples, tout comme si les Royaumes d'Espagne produisoient une race particuliere d'hommes dépourvûs de ces principes de tendresse & de pitié, qui forment le caractere d'une Ame genereuse.

Ces considérations calmerent ma fureur, & peu à peu je renonçai à mes mesures, en concluant qu'elles étoient injustes, & qu'il falloit attendre à les executer, jusqu'à ce qu'ils eussent commencé les hostilitez.

Je repris cette résolution d'autant plus que ce premier parti, loin d'être un moyen de me me conserver, tendoit absolument à ma ruine, car c'étoit assez d'un seul Sauvage de toute une troupe échapée à mes mains, pour donner de mes nouvelles à tout un Peuple, & pour l'attirer dans l'Isle à vanger la mort de leurs Compatriotes, & je pouvois fort bien me passer d'une pareille visite.

Je conclus donc que la raison & la politique devoient me détourner également de me mêler des actions des Sauvages, & que mon unique affaire étoit de me tenir à l'écart, & de ne pas faire soupçonner par la moindre marque qu'il y avoit des Etres raisonnables dans l'Isle.

Cette prudence étoit soûtenuë par la Religion, qui me deffendoit de tremper mes mains dans le sang innocent; innocent, dis-je, par raport à moi : car pour les crimes, que l'habitude avoit rendu communs à tous ces Peuples, je devois les abandonner à la Justice de Dieu, qui est le Roy des Nations & qui sçait punir les crimes des Nations entieres, par des punitions Nationales.

Je trouvois tant d'évidence dans toutes ces réflexions, que j'eus une satisfaction inexprimable de n'avoir pas commis une action, que la raison me dépeignoit aussi noire qu'un meurtre volontaire, & je rendis graces à Dieu à genoux, d'avoir delivré mes mains de sang, en le supliant de me sauver par sa Providence de la main des Barbares, & de m'empêcher de rien attenter contr'eux,

sinon

sinon dans la nécessité d'une défense légitime.

Je restai dans cette disposition pendant une année entiere, si éloigné de chercher le moyen d'attaquer les Sauvages, que je ne daignois pas de monter une seule fois sur la colline, pour découvrir, ou pour examiner s'ils s'étoient débarquez ou non, craignant toûjours d'être tenté par quelque occasion avantageuse: de renouveler mes desseins contr'eux. Je ne fis qu'éloigner de-là ma barque, & la mener du côté Oriental de l'Isle, où je la plaçai dans une cavité que je trouvai sous des Rochers élevez, & que les Courans rendoient impraticables aux Canots des Sauvages.

Je vécus depuis ce tems-là plus retiré que jamais; en ne sortant que pour m'acquiter de mes devoirs ordinaires: sçavoir pour traire mes Chévres femelles, & pour nourir le petit troupeau que j'avois caché dans le bois, qui étant tout-à-fait de l'autre côté de l'Isle, étoit entiérement hors d'insulte: car selon toutes les apparences, les Cannibales n'étoient pas d'humeur à abandonner jamais le Rivage, & ils y avoient été souvent, aussi bien avant que j'eusse pris toutes mes précautions, qu'aprés: quand j'y pensois, je réfléchissois avec horreur sur la situation où j'aurois été, si je les avois rencontrez autrefois, quand nud & dés-armé, je n'avois que pour ma défense qu'un seul fusil chargé de dragée. Je parcourois dans ce tems là toute l'Isle

sans

sans cesse, & quelle auroit été ma frayeur, si au lieu de voir un seul vestige, j'avois trouvé une vingtaine de Sauvages, qui n'auroient pas manqué de me donner la chasse, & de m'atteindre bien-tôt par la vitesse extraordinaire de leur course.

Je frissonnois en songeant qu'il n'y auroit eu aucune ressource pour moi dans cette occasion, & que même je n'aurois pas eu la présence d'esprit nécessaire pour m'aider des moyens qui auroient pû être en mon pouvoir, moyens bien inférieurs à ceux dont mes précautions m'avoient fourni à la fin. Ces idées me jettoient souvent dans un profond abatement, qui étoient suivi par des sentiments de reconnoissance pour Dieu, qui m'avoit délivré de tant de dangers inconnus, & de tant de malheurs dont j'aurois été incapable de me sauver, n'ayant pas la moindre notion de leur possibilité.

Tout ceci renouvela dans mon esprit une réfléxion que j'avois souvent faite, quand je commençai à remarquer les bénignes dispositions du Ciel à l'égard des dangers qui nous environnent dans cette vie. Combien de fois en sommes-nous délivrez comme par miracle, sans le sçavoir ; combien de fois n'arrive-t'il pas qu'en hésitant, si nous irons par un chemin ou par un autre, un motif secret nous détermine vers une autre route que celle, où nous portoit nôtre dessein, nôtre inclination & nos affaires : nous ignorons quel Pouvoir nous dirige de cette maniere, mais nous découvrons ensuite, que si nous avions pris le chemin où nôtre interêt aparent sembloit nous apeller, nous aurions pris le chemin de nôtre ruine.

Aprés plusieurs expériences de cette vérité, je me suis fait une regle de suivre constamment les ordres de ce Pouvoir inconnu sans en avoir d'autre raison, que l'impression même que je sens alors dans mon ame. Je pourrois donner plusieurs exemples du succez de cette conduite dans tout le cours de ma vie, tirez sur tout des dernieres années de mon sejour dans cette Isle ; j'y aurois plus réfléchi, si je les avois contemplé de l'œil dont je les regarde à present : mais il n'est jamais trop tard pour devenir sage, & je ne puis qu'avertir tout homme capable de prudence, dont la vie est sujette à des incidens extraordinaires, de ne pas négliger de pareils avertissemens secrets de la Providence, de quelque intelligence invisible que ce soit, qu'ils puissent venir. Pour moi je les regarde comme une preuve certaine du commerce & de la communication secrette des Esprits purs avec ceux qui sont unis à des corps ; preuve incontestable que j'aurai occasion de confirmer par plusieurs exemples dans le recit du reste de mes Avantures, dans cette solitude.

Le Lecteur ne trouvera pas étrange, si je confesse que les iniquietudes & les dangers dans lesquels je passois ma vie, m'avoient
détour-

détourné entiérement du soin de mes commoditez, & que je songeois plus à vivre, qu'à vivre agréablement : je ne me souciois plus de mettre quelque part un clou, ou d'affermir un morceau de bois, crainte de faire du bruit ; beaucoup moins avois-je le cœur de tirer un coup de fusil, & c'étoit avec toute l'inquiétude possible que je me hazardai à allumer du feu, dont la fumée visible à une grande distance auroit pû aisément me trahir. Pour cette raison je transportai mes affaires qui demandoient du feu du côté de mon nouvel apartement dans le bois, où je trouvai enfin aprés plusieurs allées & venuës, avec tout le ravissement imaginable, une cave naturelle d'une grande étenduë dont je suis sûr que jamais Sauvage n'avoit vû l'ouverture, bien loin d'être assez hardi pour y entrer ; ce que peu d'hommes eussent osé hazarder à moins que d'avoir, comme moi, un besoin extrême d'une retraite assurée.

L'entrée de cet Antre étoit derriére un grand Rocher, & je la découvris par hazard, ou pour parler plus sagement, par un effet particulier de la Providence, en coupant quelques grosses branches d'Arbre pour les brûsler & pour en conserver le charbon ; moyen dont je m'étois avisé, pour éviter de faire de la fumée en cuisant mon pain, & en préparant mes autres mets.

Dés que j'eûs trouvé cette ouverture derrierre quelques broussailles épaisses, ma curiosité me porta à y entrer, ce que je fis avec peine. J'en trouvai le dedans suffisamment large, pour m'y tenir debout, mais j'avouë que j'en sortis avec plus de précipitation, que je n'y étois entré; aprés que portant mes regards plus loing dans cet Antre obscur, j'y eûs aperçû deux grands yeux brillants comme deux Etoilles, sans sçavoir si c'étoit les yeux d'un homme ou d'un démon.

Aprés quelques momens de déliberations, je revins à moi, & je me reprochai la foiblesse de craindre le Diable; moi, qui avois vécu depuis vingt-ans dans ce Desert, & qui avois l'air plus effroyable peut-être, que tout ce qu'il pouvoit y avoir de plus affreux dans la caverne. Là-dessus je repris courage, & me saisissant d'un tison enflamé, je rentrai dans l'Antre d'une maniére brusque, mais à peine eûs-je fait trois pas en avant, que ma frayeur ne redoublât par un grand soupir que j'entendis, suivi d'un son semblable à des paroles mal articulées, & d'un autre soupir encore plus terrible: une sueur froide sortit de mon corps de tous côtez; & si j'avois eu un Chapeau sur la tête, je croi que mes cheveux à force de se dresser, l'auroient fait tomber à terre. Je fis cependant tous mes efforts pour dissiper ma crainte par la pensée, que la Puissance Divine, qui étoit presente ici comme ailleurs, étoit capable de me protéger contre les plus grands périls; & avan-

çant

çant avec intrépidité, je découvris bien-tôt une vieille chévre mâle d'une extraordinaire grandeur, couchée à terre, & prête à mourir de vieillesse.

Je la poussai un peu, pour essayer si je pouvois la faire sortir de-là, & elle fit quelque effort pour se lever, sans y pouvoir réüssir. Je m'en mettois peu en peine, persuadé que tant qu'elle seroit en vie, elle feroit la même peur à quelque Sauvage, s'il étoit assez hardi pour se fourrer dans cet Antre.

Pleinement tranquilisé alors, je portai mes yeux de tous côtez, & je trouvai la caverne assez étroite & sans figure réguliére, puisque la nature seule y avoit travaillé sans aucun secours de l'industrie humaine. Je découvris dans l'enfoncement une seconde ouverture, mais si basse qu'il étoit impossible d'y entrer qu'à quatre pieds, ce que je differai jusqu'à ce que je pusse tenter l'avanture, muni de chandelle & d'un fusil à faire du feu. J'y revins le jour après avec une provision de six grosses chandelles, que j'avois faites de graisse de Chévre, & aprés avoir rampé par cette ouverture étroite, l'espace de dix aulnes, je me vis beaucoup plus au large. Je me trouvai sous une voute élevée à peu prés à la hauteur de vingt pieds, & je puis protester que dans toute l'Isle il n'y avoit rien de si beau, & de si digne d'être consideré que ce souterrain; la lumiere de deux chandelles que j'avois allumées, étoit refléchie

de

de plus de cent milles manieres, par les murailles qui étoient alentour. Je ne saurois dire ce qui étoit la cause d'un objet si brillant; si c'étoient des diamans, d'autres pierres précieuses, ou bien de l'or: le dernier me paroît le plus vraisemblable.

En un mot, c'étoit la plus charmante Grotte qu'on puisse imaginer, quoique parfaitement obscure, le fond en étoit uni & sec, couvert d'un gravier fin & délié: on n'y voyoit aucune trace de quelqu'animal venimeux, aucune vapeur, aucune humidité ne paroissoit sur les murailles.

Le seul desagrément qu'il y avoit, c'étoit la difficulté de l'entrée, mais ce désagrément même en faisoit la sûreté. J'étois charmé de ma découverte, & je résolus d'abord de porter dans cette Grotte, tout ce dont la conservation m'inquiétoit le plus, sur tout mes munitions & mes armes de réserve.

Ce dessein me donna occasion d'ouvrir mon baril de poudre que j'avois sauvé de la mer. Je trouvai que l'eau y avoit pénétré de tous côtez à peu prés à la profondeur de trois ou quatre pouces, & que la poudre moulée avoit formé une espece de croute, qui avoit conservé le reste, comme une noix est conservée dans sa coque; de cette maniere il me restoit au centre du baril environ 60. liv. de fort bonne poudre à canon, que je portai toute dans ma Grotte avec tout le plomb que j'avois encore, & je n'en gardai dans mon
Châ-

Château, que ce qui m'étoit néceſſaire pour me défendre en cas de ſurpriſe.

Dans cette ſituation je me comparois aux Gens de l'Antiquité, qui habitoient des Antres inacceſſibles, perſuadé que quand les Sauvages me donneroient la chaſſe quelques-nombreux qu'ils fuſſent, ils ne m'attraperoient pas, ou du moins n'oſeroient pas m'attaquer dans ma nouvelle Grotte.

La vieille chevre mourut le jour aprés ma découverte, à l'entrée de la caverne, où je trouvai plus à propos de l'enterrer, que de m'efforcer à en tirer le cadavre dehors.

J'étois alors dans la vingt & troiſiéme année de ma réſidence dans cette Iſle, & ſi accoutumé à ma maniere d'y vivre, que ſans la crainte des Sauvages, j'aurois été content d'y paſſer le reſte de mes jours, & de mourir dans la Grotte, où j'avois donné la ſépulture à la chevre. Je m'étois même ménagé de quoi m'amuſer & me divertir, ce qui m'avoit manqué autrefois ; j'avois enſeigné à parler à mon Perroquet, comme j'ai dit auparavant, & il s'en acquitoit ſi bien, que ſa converſation a été d'un agrément pour moi pendant vingt & ſix ans que nous avons vécu enſemble. On debite dans le Brezil que ces animaux vivent un Siécle entier : Il vit donc peut-être encore, & il apelle ſelon ſa coûtume le *pauvre Robinſon Cruſoé*. Certainement ſi quelque Anglois avoit le malheur d'aborder cette Iſle, & l'entendoit cauſer, il
le

le prendroit pour le Diable. Mon chien m'étoit encore un agréable & fidéle Compagnon pendant seize ans, aprés lesquels il mourut de pure vieillesse. Pour mes chats, ils s'étoient tellement multipliez, comme j'ai déja dit, que de peur qu'ils ne me dévorassent avec tout ce que je possedois, j'avois été obligé d'en tuer plusieurs à coups de fusil : mais j'eus du repos de ce côté là, dés que j'eus forcé les vieux à deserter faute d'alimens, & de se jetter dans les bois avec toute leur race. Je n'en avois gardé auprés de moi que deux ou trois Favoris, dont j'avois grand soin de noyer les petits, dés qu'ils venoient au monde : le reste de mes domestiques consistoient en deux chevreaux que j'avois accoûtumez à manger de ma main, & deux autres Perroquets, qui j'asoient assez bien pour prononcer *Robinson Crusoé*, mais qui étoient bien éloignez de la perfection de l'autre, pour lequel j'avois aussi pris beaucoup plus de peine. J'avois encore quelques oiseaux de mer, dont j'ignore les noms ; je les avois attrapez sur le Rivage, & leur avois coupé les aîles ; ils habitoient & pondoient dans le jeune bois que j'avois planté devant le retranchement de mon Château, & ils contribuoient beaucoup à mon divertissement. J'étois content, encore un coup, pourvû que les Sauvages ne vinssent pas troubler ma tranquillité.

Mais le Ciel en avoit ordonné autrement, & je conseille à tous ceux qu i liront mon
Histoi-

Histoire d'en tirer la reflexion suivante: combien souvent n'arrive-t'il pas dans le cours de nôtre vie, que le mal que nous évitons avec le plus grand soin, & qui nous paroît le plus terrible, quand nous y sommes tombez, soit, pour ainsi dire, la porte de nôtre délivrance & l'unique moyen de finir tous nos malheurs? Cette verité a été sur tout remarquable dans les dernieres années de ma vie solitaire dans cette Isle, comme le Lecteur verra bien-tôt.

C'étoit dans le mois de Décembre, le tems ordinaire de ma moisson, qui m'obligeoit à être presque les jours entiers en campagne, quand sortant du matin un peu avant le lever du Soleil, je fus surpris par la vûë d'une lumiere sur le rivage, à une grande demi-lieuë de moi: ce n'étoit pas du côté où j'avois observé que les Sauvages abordoient d'ordinaire; je vis avec la derniere douleur que c'étoit du côté de mon habitation.

La peur d'être surpris me fit entrer bien vite dans ma grotte, où j'avois beaucoup de peine à me croire en sureté; à cause que mon grain à moitié coupé pouvoit découvrir aux Sauvages que l'Isle étoit habitée, & les porter à me chercher par tout jusqu'à ce qu'ils m'eussent déterré.

Dans cette aprehension je retournai vers mon Chateau, & ayant retiré mon échelle après moi, je me préparai à la défense, je chargeai tous mes pistolets aussi-bien que l'artille-

Tome II.  G  rie

rie que j'avois placée dans mon nouveau retranchement; résolu de me batre jusqu'à mon dernier soupir, sans oublier d'implorer la protection divine, & dans cette posture, j'attendis l'ennemi pendant deux heures fort impatient de sçavoir ce qui se passoit au dehors.

Mais n'ayant personne pour aller reconnoître, incapable de soutenir plus long-tems une si cruelle incertitude je m'enhardis à monter sur le haut du rocher par le moyen de mes deux échelles, & me mettant ventre à terre je me servis de ma lunette d'aproche pour découvrir dequoi il s'agissoit. Je vis d'abord neuf Sauvages assis en rond autour d'un petit feu, non pas pour se chauffer, car il faisoit une chaleur extrême, mais aparemment pour préparer quelques mets de chair humaine, qu'il avoient apportée avec eux morte ou en vie, c'est ce que je ne pouvois pas sçavoir

Ils avoient avec eux deux *Canots* qu'ils avoient tirez sur le rivage; & comme c'étoit alors le tems du *flux*, ils paroissoient attendre le *reflux* pour s'en retourner, ce qui calma un peu mon trouble, puisque je concluois de-là qu'ils venoient & retournoient toûjours de la même maniere, & que je pouvois battre la campagne sans danger durant le flux, pourvû que je n'en eusse pas découvert auparavant sur le rivage. Observation qui me fit continuer ma moisson dans la suite avec assez de tranquilité.

La

La chose arriva précisément comme je l'avois conjecturée, dès que la marée commença à aller du côté de l'Occident, je les vis se jetter dans leurs barques & faire force de rames; ce n'étoit pas sans s'être divertis auparavant par des danses, comme je remarquai par leurs postures, & par leurs gesticulations. Quelque forte que fut mon attention à les examiner ils m'avoient paru absolument nuds, mais il me fut impossible de distinguer leur Sexe.

Aussi-tôt que je les vis embarquez je sortis avec deux fusils sur mes épaules, deux pistolets à ma ceinture, & mon large sabre à mon côté, & avec tout l'empressement possible je gagnai la colline d'où j'avois vû pour la premiere fois les marques des festins horrides de ces Cannibales, & là je m'aperçûs, qu'il y avoit eu de ce côté-là trois autres canots, qui étoient tous en mer aussi bien que les autres pour regagner le Continent.

Descendu sur le rivage je vis de nouveau les marques horribles de leur brutalité, & j'en conçûs tant d'indignation, que je résolus pour la seconde fois de tomber sur la premiere troupe que je rencontrerois, quelque nombreuse qu'elle pût être.

Les visites qu'ils faisoient dans l'Isle devoient être fort rares, puisqu'il se passa plus de quinze mois avant que j'en revisse le moindre vestige; je vivois pourtant pendant tout ce tems dans les plus cruelles ap-

G 2     pré-

préhensions dont je ne voyois aucun moyen de me délivrer.

Je continuois cependant toûjours dans mon humeur meurtriere, & j'employois presque toutes les heures du jour dont j'aurois pû faire un meilleur usage à dresser le plan de mon attaque la premiere fois que j'en aurois l'occasion, surtout si je trouvois leurs forces divisées, comme la derniere fois. Je ne consideroit pas seulement qu'en tuant tantôt un de leurs partis, tantôt un autre, ce seroit toûjours à recommencer, & qu'à la fin je deviendrois un plus grand meurtrier, que ceux-là même dont je voulois punir la barbarie.

Mes inquiétudes renouvellées par cette derniere rencontre répandoient beaucoup d'amertume sur ma vie; quand je me hazardois à sortir de ma retraite, c'étoit avec toute la précaution possible, & en tournant continuellement mes yeux sur tous les objets dont j'étois environné. Quel bonheur pour moi que d'avoir mis mon troupeau en sûreté, & d'être dispensé de faire feu sur les chevres sauvages. Il est vrai que le bruit auroit pû mettre en fuite un petit nombre de Sauvages effrayez; mais je devois être convaincu qu'ils reviendroient avec plusieurs centaines de canots, & je sçavois ce que j'avois alors à attendre de leur inhumanité. Cependant je fus assez heureux pour n'en voir plus jusqu'au mois de Mai de la vingt & quatriéme année de ma vie solitaire, dans lequel j'eus avec eux

une

une rencontre très-surprenante, que je raporterai dans son lieu.

Durant ces quinze mois, je passois les jours dans des pensées inquiettes, & les nuits j'avois des songes effrayans, qui me reveilloient en sursaut ; je rêvois souvent que je tuois des Sauvages, & que je pesois les raisons qui m'autorisoient à ce carnage.

C'étoit à peu près le milieu du mois de Mai ( selon le *poteau* où je marquois chaque jour, qui me servoit de Calendrier ) quand il fit une tempête terrible, accompagnée de tonnerre & d'éclairs. La nuit suivante ne fut pas moins épouvantable, & dans le tems que j'étois occupé à lire dans la Bible, & à faire de serieuses reflexions sur ma Lecture, je fus surpris d'un bruit comme celui d'un canon tiré en mer.

Cette surprise étoit bien differente de celles qui m'avoient saisi jusqu'alors ; je me levai avec tout l'empressement possible, & en moins de rien je parvins au haut du rocher, par le moyen de mes échelles. Dans le même moment une lumiere me prépara à entendre un second coup de canon, qui frapa mes oreilles une demi minute après, & dont le son devoit venir de ce côté de la mer, où j'avois été emporté dans ma chaloupe par les Courans.

Je jugeai d'abord que ce devoit être quelque vaisseau en peril, qui par ces signaux demandoit du secours à quelqu'autre bâtiment qui alloit avec lui de conserve. Je songeai là-dessus que si j'étois incapable de lui donner du secours il m'en pouvoit donner peut-être à moi, & dans cette vûë je ramassai tout le bois sec qui étoit aux environs; j'y mis le feu au haut de la colline; & quoique le vent fut violent il ne laissa pas de s'enflammer à merveille, & j'étois sûr qu'il devoit être aperçû par ceux du Vaisseau, si mes conjectures là-dessus étoient justes. Ils le virent sans doute: car à peine mon feu étoit-il dans toute sa force, que j'entendis un troisiéme coup de canon suivi de plusieurs autres, venant tous du même endroit. J'entretins mon feu toute la nuit, & quand il fit jour & que l'air se fut éclairci, je vis quelque chose à une grande distance à l'Est de l'Isle, sans pouvoir le distinguer même avec mes lunettes.

J'y fixai mes yeux constamment pendant tout le jour; & comme je voyois toûjours l'objet dans le même lieu, je crus que c'étoit un Vaisseau à l'ancre. Ayant grande envie de satis-faire pleinement ma curiosité là-dessus, je pris mon fusil à la main & je m'avançai en courant du côté de la Partie Meridionale de l'Isle, où les Courans m'avoient porté autrefois au pied de quelques rochers: je montai sur le plus élevé de tous, & le tems étant alors serain, je vis à mon grand regret le corps d'un Vaisseau, qui s'étoit brisé pendant la nuit sur des rocs cachez, que j'avois trouvez quand je mis en mer avec ma chaloupe, & qui resistant à la violence de la marée, faisoient

soient une espece de contre-marée, par laquelle j'avois été délivré du plus grand danger que je courus de ma vie.

C'est ainsi que ce qui cause la délivrance de l'un est la destruction de l'autre, car il semble que ces gens n'ayant aucune connoissance de ces rochers entierement cachez sous l'eau, y avoient été portez pendant la nuit, par un vent qui étoit tantôt Est, & tantôt Est-Nord-Est. S'ils avoient découvert l'Isle, ce qu'aparemment ils ne firent point, il auroient sans doute tâché de se sauver à terre dans leur chaloupe, mais les coups de canon qu'ils avoient donné en voyant mon feu firent naître un grand nombre de differentes pensées dans mon imagination : tantôt je croyois qu'apercevant cette lumiere, ils s'étoient mis dans leur chaloupe, pour gagner le rivage ; mais que les ondes extremement agitées, les avoient emportez: Tantôt je m'imaginois qu'ils avoient commencé par perdre leur chaloupe, ce qui arrive souvent quand les flots entrant dans le Vaisseau, forcerent les Matelots à mettre la chaloupe en piéces, ou à la jetter dans la mer. D'autrefois je trouvois vraisemblable que les Vaisseaux qui alloient avec celui de conserve, avertis par ces signaux, en avoient sauvé l'Equipage. Dans d'autres momens je pensois qu'ils étoient entrez dans la chaloupe tous ensemble, & que les Courans les avoient emportez dans le vaste Ocean, où il n'y avoit aucun bonheur

heur à attendre pour eux, & où ils mou-roient peut-être de faim, à moins que de se manger les uns les autres.

Tout cela n'étoit que conjectures, & dans l'état où j'étois tout ce que je pouvois faire c'étoit de jetter un œil pitoyable sur la misere de ces pauvres gens, dont je tirois par raport à moi cet avantage, que j'en devins de plus en plus reconnoissant envers Dieu, qui m'avoit donné tant de consolations dans ma situation déplorable, & qui des deux équipages qui é-toient perils sur ces Côtes, avoit trouvé bon de sauver ma vie seule. J'apris par là à re-marquer de nouveau qu'il n'y a point d'état si bas, point de misere si grande où l'on ne trouve quelque sujet de reconnoissance en voyant au dessous de soi des situations enco-re plus malheureuses.

Telle étoit la condition de ce malheureux équipage, dont la conservation me sembloit hors de toute vraisemblance à moins qu'il ne fût sauvé par quelqu'autre bâtiment; mais ce n'étoit-là tout au plus qu'une possibilité destituée par raport à moi de toute certitude.

Je ne trouve point de paroles assez énergi-ques pour exprimer le desir que j'avois d'en voir au moins un seul homme sauvé, afin de trouver un compagnon unique, du com-merce duquel je pusse joüir; dans tout le tems de ma solitude je n'avois jamais tant lan-gui après la societé des hommes ni senti si vivement le malheur d'en être privé.

Il

Il y a dans nos passions certaines sources secrettes, qui vivifiées, pour ainsi dire, par des objets presens réellement, ou seulement presens à l'imagination, se repandent vers cet objet avec tant de force, que l'absence en devient la chose du monde la plus insupportable.

De cette nature là étoient mes souhaits pour la conservation d'un seul de ces hommes. Je repetai mille fois de suite ; *Plût à Dieu qu'un seul fut échapé* ; & en prononçant ces mots mes passions étoient si vives ; que mes mains se joignoient avec une force terrible ; mes dents se serroient tellement dans ma bouche, que je fus un tems considerable avant que de les pouvoir separer.

Que les Naturalistes expliquent de pareils Phenomenes, pour moi je me contente d'exposer le fait dont j'ai été surpris moi-même, qui étoit sans doute causé per les fortes idées qui representoient à mon imagination comme réelle & presente, la consolation que j'aurois tirée du commerce de quelque Chrétien.

Mais ce n'étoit pas là le sort de ces malheureux, ni le mien, car jusqu'à la derniere année de mon séjour dans cette Isle j'ai ignoré si quelqu'un s'étoit sauvé de ce Naufrage quelques jours après, j'eus seulement la douleur de voir sur le sable le cadavre d'un Mousse noyé : Il avoit pour seul habillement une veste de Matelot ; une mauvaise

vaise paire de culottes & une chemise de toile blanche ; de maniere qu'il m'étoit impossible de deviner de quelle Nation il pouvoit être
tout ce qu'il avoit dans ses poches consistoit
en deux piéces de huit & une pipe à tabac,
qui étoit pour moi d'une valeur infiniment
plus considerable que l'argent.

La Mer étoit cependant devenuë calme, &
j'avois grande envie de visiter le Vaisseau,
moins pour y trouver quelque chose d'utile
pour moi, que pour voir s'il n'y avoit pas
quelque Créature vivante, dont je pusse sauver la vie, & rendre par là la mienne infi-
ment plus agréable.

Cette pensée faisoit de si fortes impressions
sur moi, que je n'avois repos ni jour ni nuit
avant que d'executer mon dessein ; je ne doutois point qu'elles ne me vinssent du Ciel, &
que ce ne fut s'oposer à mon propre bonheur
que de ne pas y obéïr.

Dans cette persuasion je préparai tout pour
mon voyage : je pris une bonne quantité de
pain, un pot rempli d'eau fraiche, une bouteille de ma liqueur forte, dont j'étois encore suffisamment pourvû & un panier plein de
raisins secs. Chargé de ces provisions, je
descendis vers ma chaloupe, je la nettoyai,
je la mis à flot & j'y portai toute cette *Cargaison* ; ensuite je retournai pour chercher
le reste de ce qui m'étoit nécessaire, sçavoir
du ris, un parasol, deux douzaines de mes
gâteaux, un fromage, & un pot de lait de
chevre.

chevre. Mon petit bâtiment étant ainsi chargé, je priai Dieu de benir mon voyage, & rasant le rivage, je vins à la derniere pointe de l'Isle du côté du Nord-Est, d'où il falloit entrer dans l'Océan, si j'étois assez hardi pour poursuivre mon entreprise. Je regardai avec frayeur les Courants, qui avoient autrefois failli à me perdre, & ce souvenir ne pouvoit que me décourager ; car si j'avois le malheur d'y donner, ils m'emporteroient certainement bien avant dans la mer, hors de la vûë de mon Isle, & si un vent un peu gaillard se levoit, c'étoit fait de moi.

J'en étois si effrayé, que je commençai à abandonner ma résolution, & ayant tiré ma chaloupe dans une petite sinuosité du rivage, je me mis sur un petit tertre, fort balancé entre la crainte & le desir d'achever mon voyage : j'y restai si long-tems que je vis que la marée changeoit, & que le flux commençoit à venir, ce qui rendoit mon dessein impraticable pendant quelques heures. Là-dessus je me mis dans l'esprit de monter sur la dune la plus élevée, pour observer quelle route prenoient les Courans pendant le flux, pour juger si emporté par un des Courant en mettant en mer, il n'y en avoit pas un autre, qui pût me ramener avec la même rapidité. Je trouvai bien-tôt une hauteur, d'où l'on pouvoit observer la mer de côté & d'autre, & de là je vis clairement que comme le Courant du reflux sortoit du côté

côté de la pointe Meridionale de l'Isle, ainsi le courant du flux rentroit du côté du Nord; & qu'il étoit fort propre à me reconduire chez moi.

Enhardi par cette observation, je resolus de sortir le lendemain avec le commencement de la marée, & je le fis aprés avoir reposé la nuit dans ma barque. Je dirigeai d'abord mon cours vers le Nord, jusqu'à ce que je commençai à sentir la faveur du Courant, qui m'emporta bien avant du côté de l'Est, sans me maîtriser assez pour m'ôter toute la direction de mon bâtiment qui avoit un bon gouvernail, que j'aidois encore par ma rame : de cette maniere j'allois droit vers le Vaisseau, & j'y arrivai en moins de deux heures.

C'étoit un fort triste spectacle ; le Vaisseau qui paroissoit Espagnol par sa structure, étoit comme cloüé entre deux rocs : la poupe & une partie du corps de Vaisseau étoit fracassé par la mer, & comme la proüe avoit donné contre les Rochers avec une grande violence, le grand mât & le mât d'artimon s'étoient brisez par la Baze, mais le beaupré étoit resté en bon état, & paroissoit ferme vers la pointe de l'Eperon.

Lorsque j'en étois tout prés, un chien parût sur le tillac, qui me voyant venir se mit à crier & à abboyer. Dès que je l'apellai, il sauta dans la mer & je l'aidai à entrer dans ma barque, le trouvant à moitié mort de faim & de soif ; je lui donnai un morceau de mon pain

pain qu'il engloutit comme un loup, qui auroit langui pendant 15. jours dans la nége, je le fis boire ensuite de mon eau fraiche, & si je l'avois laissé faire, il se seroit crevé.

Le premier spectacle qui s'offrit à mes yeux dans le Vaisseau, étoit deux hommes noyez dans la chambre de prouë, qui se tenoient embrassez l'un l'autre : Il est probable que lorsque le bâtiment toucha, la mer y étoit entrée si frequemment & avec tant de violence que ces pauvres gens en avoient été étouffez, comme s'ils avoient été continuellement sous l'eau.

Excepté le chien, il n'y avoit rien de vivant dans tout le bâtiment, & presque toute la charge me parût abîmée par l'eau, je vis pourtant quelques tonneaux remplis aparemment de vin, ou d'eau de vie, mais ils étoient trop gros pour en tirer le moindre usage. Il y avoit encore plusieurs coffres, dont j'en mis deux dans ma chaloupe, sans examiner ce qui y étoit contenu. Je jugeai ensuite parce que j'y trouvai, que le Vaisseau devoit être richement chargé, & si je puis tirer quelques conjectures par le cours qu'il prenoit, il y a de l'aparence qu'il étoit destiné pour *Buenos Ayres*, ou bien pour *Rio de la Plata* dans le Sud de l'Amerique au de-là du Brezil, de-là pour la Havana, & ensuite pour l'Espagne.

Outre ces deux coffres, j'y trouvai un petit tonneau rempli environ de vingt pots, &

& je le mis dans ma chaloupe avec bien de la peine. J'aperçus dans une des chambres plusieurs fusils, & un grand cornet à poudre, où il y en avoit à peu près 4. livres, je m'en saisis, mais je laissai là les armes, puisque j'en avois suffisamment ; je m'apropriai encore une pelle à feu & des pincettes dont j'avois un extrême besoin, comme aussi deux chaudrons de cuivre, un gril, & une chocolatiere. Je m'en fus avec cette charge, & avec le chien voyant venir la marée, qui devoit me ramener chez moi, & le même soir je revins à l'Isle extremement fatigué de ma course.

Aprés avoir reposé cette nuit dans la chaloupe, je resolus de porter mes nouvelles acquisitions dans ma Grotte & non dans mon Château, mais je trouvai bon d'en faire auparavant l'examen. Le petit tonneau étoit rempli d'une espéce de liqueur nommée *Rum*, qui n'étoit point de la bonté de celle qu'on trouve dans le Brezil. Pour les deux coffres ils étoient pleins de plusieurs choses d'un grand usage pour moi ; j'y trouvai par exemple, un petit cabaret plein de liqueurs cordiales trésexcellentes, & en grande quantité ; elle étoit dans des bouteilles ornées d'argent, & qui contenoient chacune trois pintes. J'y vis encore deux pots de confitures si bien fermez que l'eau n'avoit pû y penetrer : & deux autres qui étoient gâtez par la mer ; il y avoit de plus de fort bonnes chemises, quelques cravates de differentes couleurs, une demi douzaine
de

des mouchoirs de toile blanche, fort rafraichissans pour essuyer mon visage dans les grandes chaleurs : toute cette trouvaille m'étoit extraordinairement agreable.

Quand je vins au fond du Coffre, j'y trouvai trois grandes sacs de pieces de huit, au nombre d'à peu prés onze cens, outre un petit papier qui renfermoit six doubles pistoles, & quelques autres petits joyaux d'or, qui pouvoient peser tous ensemble environ une livre.

Dans l'autre Coffre il y avoit quelques habits mais de peu de valeur, & trois flacons pleins d'une poudre à canon fort fine, destinée aparemment pour en charger les fusils de chasse dans l'occasion. A tout compter, je tirai peu de fruit de mon voyage ; dans la situation où j'étois l'argent m'étoit de peu de valeur, & j'aurois donné tout ce que j'en avois trouvé pour trois ou quatre paires de bas & de souliers d'Angleterre? j'en avois bon besoin & il y avoit un grand nombre d'années, que j'avois été obligé de m'en passer.

Il est vrai, que je m'étois approprié deux paires de souliers des pauvres matelots que j'avois trouvé noyez dans le Vaisseau, mais ils ne valloient pas nos souliers Anglois ni pour la commodité, ni pour le service. Pour finir je trouvai encore dans le second Coffre une cinquantaine de pieces de huit, mais point d'or, d'où je pouvois facilement inferer qu'il avoit appartenu à un plus pauvre maître

maître que le premier, qui doit avoir été quelque Officier aparemment.

Je ne laissai pas de porter tout cet argent dans ma grotte auprés de celui que j'avois sauvé de nôtre propre Vaisseau. C'étoit dommage que je n'eusse pas trouvé accessible le fond du bâtiment, j'en aurois pû tirer de quoi charger plus d'une fois ma chaloupe, & j'aurois amassé un tresor considerable, qui auroit été dans ma grotte en grande sureté; & que j'aurois pû faire aisément venir dans ma Patrie, si la bonté du Ciel me permettoit un jour de me tirer de l'Isle.

Aprés avoir mis de cette maniere toutes mes acquisitions en lieu sûr, je remis ma barque dans sa rade ordinaire, & je m'en revins à ma demeure, où je trouvai tout dans l'état où je l'avois laissé; je me remis à vivre à ma maniere accoutumée, & à m'apliquer à mes affaires domestiques; pendant un temps je joüis d'un assez grand repos excepté que j'étois toûjours fort sur mes gardes, & que je sortois rarement, toûjours avec beaucoup d'inquiétude, à moins que de tourner mes pas du côté de l'Oüest où j'étois sûr que les Sauvages ne venoient jamais, ce qui m'exemptoit de me charger dans cette promenade de ce fardeau d'armes, qui m'accabloit toûjours dans les autres routes.

C'étoit ainsi que je vécus deux ans de suite passablement heureux, si mon esprit, qui paroissoit être fait pour rendre mon corps miserable, ne s'étoit rempli de mille projets de me sauver de mon Isle. Quelquefois je voulois faire un second tour au Vaisseau échoüé, où je ne devois pas m'attendre à rien trouver qui vallut la peine du voyage : tantôt je songeois à m'échaper d'un côté, tantôt d'un autre : & je croi fermement, que si j'avois eu en ma possession la chaloupe, avec laquelle j'avois quitté *Salé*, je me serois mis en mer à tout hazard.

J'ai été dans toutes les circonstances de ma vie un exemple de la misere, qui se repand sur les hommes, du mépris qu'ils ont pour leur état present, où Dieu & la Nature les ont placez; car sans parler de ma condition primitive, & des excellens conseils de mon pere, que j'avois négligez avec tant d'opiniâtreté ; n'étoit-ce pas une folie de la même nature qui m'avoit jetté dans ce triste Desert ? Si la Providence, qui m'avoit si heureusement établi dans le Brezil, m'avoit donné des desirs limitez : si je m'étois contenté d'aller à la Fortune pas à pas, ma Plantation seroit devenuë sans doute une des plus considérables de tout le Pays, & auroit pû monter dans quelques années jusqu'à la valeur de cent mille *Moïdores*.

J'avois bien affaire en verité de laisser là un établissement sûr, pour aller dans la Guinée chercher moi-même les Negres, qui m'auroient pû être amenez chez moi par des gens qui en font leur seul Négoce. Il est vrai,

vrai qu'il m'en auroit couté un peu davantage, mais cette difference valoit-elle la peine de m'exposer à de pareils hazards ?

La folie est le fort de la Jeunesse, & celui d'un âge plus mur est la Reflexion sur les folies passées, achetée bien cher par une longue & triste experience : j'étois alors dans ce cas, & cependant l'extravagance particuliere dont je viens de parler, avoit jetté de si profondes racines dans mon cœur, que toutes mes pensées rouloient sur les désagrémens de ma situation presente & sur les moyens de m'en délivrer.

Afin que le reste de mon Histoire donne plus de plaisir au Lecteur, il sera bon, comme je croi d'entrer ici dans le détail de tous les plans ridicules que je formois alors pour sortir de l'Isle, & des motifs qui m'y excitoient. Qu'on me supose à present retiré dans mon Château, ma barque est mise en sureté, & ma condition est la même qu'elle étoit avant mon voyage vers le Vaisseau échoüé ; mon bien s'est augmenté, mais je n'en suis pas plus riche, & mon Or m'est aussi inutile qu'il étoit aux Habitans du *Perou* avant l'arrivée des Espagnols.

Pendant une nuit du mois de Mars de la vingt-quatriéme année de ma vie solitaire, j'étois dans mon lit pourtant fort bien & de corps & d'esprit, & cependant il m'étoit impossible de fermer l'œil. Aprés que mille idées eurent roulé dans ma tête, mon imagination se fixa à la fin sur les évenemens de ma vie passée avant que d'arriver à mon Isle, desquels je me reprensentois l'Histoire, comme en *mignature*.

De là passant à ce qui m'étoit arrivé dans l'Isle même, j'entrai dans une comparaison affligeante des premieres années de mon exil avec celles que j'avois passées dans la crainte, l'inquiétude, & la précaution, depuis le moment que j'avois vû le pied d'un homme imprimé dans le sable: Les Sauvages pouvoient y être venus avant ce moment-là, comme après : je n'en doutois point, mais alors je n'en avois rien sçû, & ma tranquilité avoit été parfaite au milieu des plus grands dangers : les ignorer avoit été pour moi un bonheur égal à celui de n'y être point exposé du tout.

Cette verité me donna lieu de réfléchir sur la bonté, que Dieu a pour l'homme, même en limitant sa vûë, & ses connoissances. En faveur de ce double aveuglement, il est calme & tranquille au milieu de mille perils, qui l'environnent, & qu'il ne pourroit envisager sans horreur, & sans tomber dans le désespoir s'il perdoit l'heureuse ignorance qui les dérobe à ses yeux.

Ces pensées tournerent naturellement mes reflexions sur les dangers où j'avois été moi-même exposé à mon insû pendant un si grand nombre d'années, lorsqu'avec une grande sureté je m'étois promené par tout dans le

tems

tems qu'entre moi & la mort la plus terrible il n'y avoit bien souvent que la pointe d'une colline, un gros arbre, une legere vapeur; c'étoit des moyens si peu considerables, si dépendants du hazard qui m'avoient préservé de la fureur des Cannibales, qui ne se seroient pas fait un plus grand crime de me tuer, & de me devorer, que je ne m'en faisois de manger un pigeon tué par mes propres mains : cet affreux souvenir me remplit de sentimens de reconnoissance pour Dieu, & je reconnus avec humilité que c'étoit à sa seule protection, que je devois attribuer tant de secours que m'avoient délivrez, sans que je m'aperçusse de la brutalité des Sauvages.

Cette brutalité même devint alors le sujet de mon raisonnement ; j'avois de la peine à comprendre par quel motif le sage Directeur de toutes choses avoit pû livrer des Créatures raisonnables à un excez d'inhumanité, qui les met audessous des brûtes mêmes, dont la faim épargne les animaux de leur propre espéce. Ayant peine à sortir de cet embarras, je me mis à examiner dans quelle partie du Monde ces malheureux Peuples pouvoient vivre ; combien leur demeure étoit éloignée de l'Isle ; par quelle raison ils se hazardoient à y aborder, de quelle structure étoient leurs bâtimens : & si je ne pouvois pas aller à eux, aussi facilement qu'ils venoient à moi !

Je ne daignois pas songer seulement au
sort

sort qui m'attendoit dans le Continent, si j'étois assez heureux pour y parvenir sans tomber parmi les *Canots* des Sauvages; il ne me venoit pas seulement dans l'esprit, de penser comment en ce cas je trouverois des provisions & de quel côté je dirigerois mon cours; tout ce qui m'occupoit, c'étoit de gagner le Continent: je considerois mon état présent comme tellement miserable, qu'il m'étoit impossible de faire un mauvais troc, à moins que de le changer contre la mort. Je me flatois d'ailleurs de trouver quelque secours inesperé au Continent, ou de réüssir, comme j'avois fait en Afrique, en suivant le rivage à trouver quelque terre habitée, & la fin de mes miseres; peut-être, disois-je, rencontrerai-je quelque Vaisseau Chrêtien, qui voudra bien me prendre, en tout cas le pis qui peut arriver, c'est de mourir, & de finir tout d'un coup mes malheurs.

Cette resolution bisarre étoit l'effet d'un esprit naturellement impatient, poussé jusqu'au desespoir par une longue & continuelle souffrance, & sur tout par le malheur d'avoir été trompé dans mon esperance de trouver à bord du Vaisseau quelque homme vivant, qui auroit pû m'informer où étoit situé l'endroit de ma demeure, & par quels moyens je pouvois m'en tirer.

Toutes ces pensées m'agitérent d'une telle force, qu'ils suspenditent pour un tems la tranquilité que m'avoit donné autrefois ma résignation a la Providence. Il n'étoit pas dans mon pouvoir de détourner mon esprit du projet de mon voyage, qui excitoit dans mon ame des desirs si impetueux, que ma Raison étoit incapable d'y resister.

Pendant deux heures entieres cette passion m'emporta avec tant de violence, qu'elle fit boüillonner mon sang dans mes veines, comme si j'avois eu la fievre: mais un épuisement d'esprit succedant à cette agitation me jetta dans un profond sommeil.

Il est naturel de penser, que mes songes doivent avoir roulé sur le même sujet, cependant à peine y avoit-il la moindre circonstance qui s'y raportât. Je songeai, que quittant le matin mon Château à mon ordinaire, je voyois prés du rivage deux canots, dont sortoient onze Sauvages avec un prisonnier destiné à leur servir de nouriture. Ce malheureux, dans le moment qu'il alloit être tué, s'échape, & se met à courir de mon côté dans le dessein de se cacher dans le boccage épais qui couvroit mon retranchement, lequel me découvre, & le regardant d'un visage riant, je lui donne courage, je l'aide à monter mon échelle, je le mene avec moi dans mon habitation & il devint mon esclave. J'étois charmé de cette rencontre, persuadé d'avoir trouvé un homme capable de me servir de Pilote dans mon entreprise, & de me donner les conseils nécessaires pour éviter toutes sortes de dangers.

Voilà mon songe, qui pendant qu'il duroit, me remplit d'une joye inexprimable, mais qui fut suivi d'une douleur extravagante, dès que je me fus reveillé.

J'inferai pourtant de mon songe que le seul moyen d'éxécuter mon dessein avec succez étoit d'attraper quelque Sauvage; sur tout, s'il étoit possible, quelque prisonnier qui me sçût gré de sa délivrance; mais j'y voyois cette terrible difficulté, que pour y réüssir, il falloit absolument massacrer une Caravane entiere, entreprise desesperée, qui pouvoit trés-facilement manquer. D'un autre côté je frissonnois en songeant aux raisons dont j'ai déja parlé, & qui me faisoient considerer cette action comme extremement criminelle. Il est vrai que j'avois dans l'esprit quelques autres preuves qui plaidoient pour l'innocence de mon projet, sçavoir, que ces Sauvages étoient réellement mes ennemis, puisqu'il étoit certain qu'ils me dévoreroient dés qu'il leur seroit possible; que par consequent les attaquer c'étoit proprement travailler à ma propre conservation, sans sortir des bornes d'une défense légitime, d'autant plus que c'étoit l'unique moyen de me délivrer d'une manière de vivre, qu'on pouvoit appeller une espéce de mort. Ces argumens pourtant ne me tranquilisoient pas, & j'avois de la peine à me familiariser avec la résolution de me procurer ma délivrance au prix de tant de sang.

Néan-

Néanmoins après plusieurs délibérations inquiétes, après avoir pesé long-tems le pour & le contre, ma passion prévalût mon inhumanité, & je me déterminai à faire tout mon possible pour m'emparer de quelque Sauvage, à quelque prix que ce fut. La question étoit de quelle maniere en venir à bout: mais comme il ne m'étoit pas faisable de prendre là-dessus des mesures plausibles, je résolus seulement de me mettre en sentinelle, pour découvrir mes ennemis quand ils débarqueroient, & de former alors mon plan, conformément aux circonstances, qui s'offriroient à mes yeux.

Dans cette vûë, je ne manquois pas un jour d'aller reconnoître: mais je ne découvris rien dans l'espace de dix-huit mois, quoique pendant tout ce tems j'allasse sans relâche tantôt du côté de l'Oüest de l'Isle, & tantôt du côté du Sud-Oüest, les deux parties les plus fréquentées par les Sauvages. La fatigue que me donnoient ces sorties inutiles, bien loin de me dégouter, comme autrefois de mon entreprise, & d'émousser ma passion ne fit que l'enflâmmer davantage, & je souhaitois aussi ardemment de rencontrer les Cannibales, que j'avois autrefois desiré de les éviter.

J'avois même alors tant de confiance en moi-même, que je me faisois fort de ménager assez bien jusqu'à trois de ces Sauvages, pour me les assujettir entiérement, & pour leur

leur ôter tout moyen de me nuire ; je me plaisois fort dans cette idée avantageuse de mon sçavoir faire, & rien ne me manquoit, selon moi, que l'occasion de l'employer.

Elle parût à la fin se presenter un matin, que je vis sur le Rivage jusqu'à six *Canots*, dont les Sauvages étoient déja à terre, & hors de la portée de ma vûë. Je sçavois qu'ils venoient d'ordinaire du moins cinq ou six dans chaque barque, & par conséquent leur nombre rompoit toutes mes mesures ; quelle possibilité pour un seul homme d'en venir aux mains avec une trentaine ? Cependant aprés avoir été irrésolu pendant quelques momens, je préparai tout pour le combat, j'écoutai avec attention si j'entendois quelque bruit ; ensuite laissant mes deux fusils au pied de mon échelle ; je montai sur le Rocher, où pourtant je me plaçai d'une telle maniére, que ma tête n'en passoit pas le sommet. De-là j'aperçûs par le moyen de mes Lunettes, qu'ils étoient trente tout au moins, qu'ils avoient allumé du feu pour préparer leur Festin, & qu'ils dansoient à l'entour avec mille postures & mille gesticulations bisares selon la coûtume du Païs.

Un moment aprés, je les vis qu'ils tiroient d'une Barque deux miserables, pour les mettre en piéces. Un des deux tomba bien-tôt à terre assommé, à ce que je crois, d'un coup de massuë, ou d'un sabre de bois ; & sans delai deux ou trois de ces bourreaux se jetterent dessus, lui ouvrirent le corps & en préparerent tous les morceaux pour leur infernale cuisine, tandis que l'autre victime se tenoit là auprés, en attendant que ce fut son tour à être immolée ; ce malheureux se trouvant alors un peu en liberté, la Nature lui inspira quelque esperance de se sauver, & il se mit à courir avec toute la vitesse imaginable directement de mon côté ; je veux dire du côté du rivage, qui menoit à mon habitation.

J'avouë, que je fus terriblement effrayé en le voyant enfiler ce chemin, sur tout parce que je m'imaginois qu'il étoit poursuivi par toute la troupe, & je m'attendis à voir vérifier mon songe en cherchant un azile dans mon bôcage, sans avoir lieu de croire que le reste de mon songe se verifieroit aussi, & que les Sauvages ne l'y trouveroiens pas. Je restai néanmoins dans le même endroit, & j'eus bien-tôt de quoi me rassurer en voyant qu'il n'y avoit que trois hommes, qui le poursuivoient, & qu'il gagnoit considérablement du terrain sur eux, de maniére qu'il devoit leur échaper indubitablement, s'il soutenoit seulement cette course pendant une demi-heure.

Il y avoit dans le rivage, entre lui & mon Château une petite baye, où il devoit être attrapé de nécessité à moins que de la passer à la nage, mais quand il fut venu jusques là, là, il ne s'en mît pas fort en peine, & quoique la Marée fût haute alors, il s'y jetta à corps perdu, & gagna l'autre bord dans une trentaine d'élans tout au plus ; aprés-quoi il se remit à courir avec la même force, qu'auparavant : Quand ses trois ennemis vinrent dans le même endroit, je remarquai qu'il n'y en avoit que deux qui sûssent nager, & que le troisiéme aprés s'être arreté un peu sur le bord s'en retourna à petit pas vers le lieu du festin, ce qui n'étoit un petit bonheur pour celui qui fuioit. J'observai encore, que les deux qui nageoient, mettoient à passer cette eau le double du tems que leur prisonnier y avoit employé.

Je fus alors pleinement convaincu, que l'occasion étoit favorable pour m'acquerir un compagnon, & domestique, & que j'étois apellé évidemment par le Ciel à sauver la vie du miserable en question. Dans cette persuasion je descendis précipitamment du Rocher, pour prendre mes fusils, & remontant avec la même ardeur je m'avançai vers la mer, je n'avois pas grand chemin à faire, & bien-tôt je me jettai entre les poursuivants, & le poursuivi en tâchant de lui faire entendre par mes cris de s'arrêter ; je lui fis encore signe de la main, mais je crois qu'au commencement il avoit tout aussi grand peur de moi que de ceux à qui il tâchoit de s'échaper. J'avançai cependant sur eux à pas lents, & ensuite me jettant brusquement sur le pre-

I 2    mier

mier je l'assommai d'un coup de crosse ; j'aimois mieux m'en deffaire de cette maniére-là, que de faire feu sur lui de peur d'être entendu des autres, quoique la chose fut fort difficile à une si grande distance, & qu'il eût été impossible aux Sauvages de sçavoir ce que signifioit ce bruit inconnu.

Le second voyant tomber son Camarade, s'arrête tout court comme effrayé ; je continue à aller droit à lui : mais en l'aprochant je le vois armé d'un arc, & qu'il y met la fléche, ce qui m'oblige à le prevenir & je le jette à terre roide mort du premier coup. Pour le pauvre fuyard, quoiqu'il vît ses deux ennemis hors de combat, il étoit si épouvanté du feu & du bruit, qui l'avoient frappé, qu'il s'arêta tout court sans bouger du même endroit, & je vis dans son air effaré plus d'envie de s'enfuïr de plus belle que d'aprocher; je lui fais signe de nouveau de venir à moi ; il fait quelque pas, puis il s'arrête encore, & continuë ce même manége pendant quelques momens. Il s'imaginoit sans doute qu'il étoit devenu prisonnier une seconde fois, & qu'il alloit être tué comme ses deux ennemis. Enfin aprés lui avoir fait signe d'aprocher, pour la troisiéme fois, de la maniere la plus propre à le rassurer, il s'y hazarda, en se mettant à genoux à chaque dix ou douze pas, pour me temoigner sa reconnoissance ; pendant tout ce tems je lui souriois aussi gratieusement qu'il m'étoit possible. Enfin

fin étant arrivé auprès de moi, il se jette à mes genoux, il baise la terre, il prend un de mes pieds & le pose sur sa tête, pour me faire comprendre sans doute qu'il me juroit fidelité, & qu'il me faisoit hommage en qualité de mon esclave. Je le levai de terre, en lui faisant des caresses, pour l'encourager de plus en plus; mais l'affaire n'étoit pas encore finie; je vis bien-tôt que le Sauvage que j'avois fait tomber d'un coup de crosse n'étoit pas mort, & qu'il n'avoit été qu'étourdi; je le fis remarquer à mon esclave qui là-dessus prononça quelques mots que je n'entendis pas, & qui ne laisserent point de me charmer, comme le premier son d'une voix humaine qui avoit frapé mes oreilles dans l'espace de 25. ans.

Mais il n'étoit pas tems encore de m'abandonner à ce plaisir, le Sauvage en question avoit déja assez repris de forces pour se mettre en son seant, & la frayeur recommença à paroître dans l'air de mon esclave, mais dès qu'il me vit faire mine de lâcher mon second fusil sur ce malheureux, il me fit entendre par signes qu'il souhaitoit de m'emprunter mon sabre, ce que je lui accordai: À peine s'en est-il saisi, qu'il se jette sur son ennemi, & qu'il lui tranche la tête d'un seul coup, aussi vîte & aussi adroitement, que pouroit faire le plus habile boureau de toute l'Allemagne. C'étoit pourtant la premiere fois de sa vie, qu'il avoit vû une épée, à moins qu'on ne veüille donner ce nom aux sabres de bois, qui sont les armes ordinaires de ces Peuples. J'ai pourtant apris dans la suite que ces sabres sont d'un bois si dur, & si pesant, & qu'ils savent si bien les affiler, que d'un seul coup ils font voler, de dessus un corps la tête avec les épaules.

Après avoir fait cette expedition il revint à moi en sautant; & en faisant des éclats de rire pour célébrer son triomphe, & avec mille gestes, dont j'ignorois le sens, il mit mon sabre à mes pieds, avec la tête du Sauvage.

Ce qui l'embarassa extrordinairement, c'étoit la maniere dont j'avois tué l'autre Indien, à une si grande distance, & me le montrant il me demanda par signes la permission de le voir de prés : en étant tout proche, sa surprise augmente, il le regarde, le tourne tantôt d'un côté, tantôt de l'autre: il examine la blessure que la Balle avoit faite justement dans la poitrine, & qui ne paroissoit pas avoir saigné beaucoup, à cause que le sang s'étoit repandu en dedans. Aprés avoir consideré cela assez de tems, il revint à moi avec l'Arc & les Fléches du mort, & moi résolu de m'en aller, je lui ordonne de me suivre, en lui faisant entendre que je craignois que les Sauvages ne fussent bientôt suivis d'un plus grand nombre.

Il me fit signe ensuite qu'il alloit les enterrer, de peur qu'ils ne nous découvrissent; je le lui permis, & dans un instant il eût creusé

fé deux troux dans le fable, où il les enterra l'un aprés l'autre. Cette précaution prife; je l'emmenai avec moi, non dans mon Château mais dans la Grotte que j'avois plus avant dans l'Ifle ; ce qui démentit mon fonge, qui avoit donné mon bôcage pour afile à mon Efclave.

C'eft dans cette Grote que je lui donnai du pain, une grape de raifins fecs, & de l'eau dont il avoit furtout grand befoin, étant fort alteré par la fatigue d'une fi longue & fi rude courfe, je lui fis figne d'aller dormir, en lui montrant un tas de paille de Ris, avec une couverture, qui me fervoit de lit affez fouvent à moi-même.

C'étoit un grand garçon, bien découplé, de vingt & cinq ans à peu prés : il étoit parfaitement bien-fait : tous fes membres fans être fort gros, marquoient qu'il étoit adroit & robufte ; fon air étoit mâle fans aucun mélange de ferocité : au contraire on voyoit dans fes traits : fur tout quand il fourioit, cette douceur & cet agrément qui eft particulier aux Européens. Il n'avoit pas les cheveux femblables à de la laine frifée, mais longs & noirs, fon front étoit grand & élevé, fes yeux brillants & pleins de feu. Son tein n'étoit pas noir, mais fort bafanné, fans avoir rien de cette défagréable couleur tanée des Habitans du Brezil & de la Virginie : Il aprochoit plûtôt d'une legere couleur d'olive, dont il n'eft pas aifé de donner une idée jufte mais qui me paroiffoit avoir quelque chofe de
fort

fort revenant. Il avoit le visage rond & le nez bien fait, la bouche belle, les lévres minces, les dents bien rangées, & blanches comme de l'ivoire.

Aprés avoir plûtôt sommeillé, que dormi pendant une demi-heure, il se réveille, sort de la Grotte pour me rejoindre (car dans cet intervale j'avois été traire mes Chévres, qui étoient dans mon Enclos tout prés de là) il vient à moi en courant, il se jette à mes pieds avec toutes les marques d'une ame véritablement reconnoissante, il renouvelle la cérémonie de me jurer fidelité, en posant mon pied sur sa tête; en un mot il fait tous les gestes imaginables pour m'exprimer son desir de s'assujettir à moi pour toûjours. J'entendois la plûpart de ces signes, & je fis de mon mieux pour lui faire connoître que j'étois content de lui. Dans peu de tems je commençai à lui parler, & il apprit à me parler à son tour: je lui enseignai d'abord qu'il s'apelleroit *Vendredy*, nom que je lui donnai en mémoire du jour dans lequel il étoit tombé en mon pouvoir. Je lui appris encore à me nommer *mon Maître*, & à dire à propos *oüi* & *non*. Je lui donnai ensuite du lait dans un pot de terre, j'en bus le premier, & j'y trempai mon pain, en quoi m'ayant imité, il me fit signe qu'il le trouvoit bon.

Je restai avec lui toute la nuite suivante dans la Grotte, mais dès que le jour parût
je

je lui fis comprendre de me suivre, & que je lui donnerois des habits, ce qui parût le réjoüir ; car il étoit absolument nud. En passant par l'endroit où il avoit enterré les Sauvages, il me le montra exactement aussi-bien que les marques qu'il avoit laissées pour le reconnoître, en me faisant signe qu'il falloit déterrer ces corps, & les manger. Je me donnai là-dessus l'air d'un homme fort en colere ; je lui exprimai l'horeur que j'avois d'une pareille pensée, en faisant comme si j'allois vomir, & je lui ordonnai de s'en aller, ce qu'il fit dans ce moment avec beaucoup de soumission. Je le menai ensuite avec moi au haut de la colline, pour voir si les ennemis étoient partis, & en me servant de ma lunette je ne découvrir que la place, où ils avoient été, sans apercevoir ni eux, ni leurs bâtimens ; marque certaine qu'ils s'étoient embarquez.

Je n'étois pas encore satisfait de cette découverte ; & me trouvant à present plus de courage, & par conséquent plus de curiosité, je pris mon esclave avec moi armé de mon épée, & l'arc avec les fléches sur le dos ; je lui fis porter un de mes mousquets, j'en gardai deux moi-même ; & de cette maniere nous marchâmes vers le lieu du festin.

En y arrivant mon sang se glaça par l'horreur du spectacle, qui ne fit pas le même effet sur *Vendredy* : tout l'endroit étoit couvert

vert d'ossemens & de chair à moitié mangée; en un mot de toutes les marques du *repas de Triomphe*, par lequel les Sauvages avoient celebré la Victoire, qu'ils avoient obtenuë sur leurs ennemis. Je vis à terre trois cranes, cinq mains & les os de deux ou trois jambes, d'autant de pieds : & *Vendredy* me fit entendre par ses signes qu'ils avoient emmené avec eux quatre prisonniers, dont ils en avoient mangé trois, lui-même étant le quatriéme ; qu'il y avoit eu une grande bataille entr'eux & le Roy dont il étoit sujet, & qu'il y avoit eu beaucoup de prisonniers de part & d'autre, qui avoient été destinez au même sort que ceux dont je voyois les restes.

Je fis en sorte que mon esclave les ramassât tous en un monceau, & que mettant un grand feu à l'entour, il les réduisît en cendres ; je voyois bien que son Estomach étoit avide de cette chair, & que dans le cœur il étoit encore un vrai Cannibale, mais je lui marquai tant d'horreur pour un appetit si dénaturé, qu'il n'osoit pas se découvrir, de crainte que je ne le tuasse.

La chose étant faite, nous nous en retournâmes dans mon château, où je me mis à travailler aux habits de *Vendredi*. Je lui donnai d'abord une paire de culottes de toile, que j'avois trouvée dans le coffre d'un des Matelots & qui changée un peu lui faisoit passablement bien. J'y ajoûtai une veste de peau de Chevre, & comme j'étois devenu
Tailleur

Tailleur dans les formes, je lui fis encore un bonnet de la peau d'un liévre, dont la façon n'étoit pas tant mauvaise. Il étoit charmé de se voir presque tout aussi brave que son maître, quoique dans le commencement il eût un air fort grotesque dans ces habillemens, ausquels il n'étoit pas accoûtumé. Les Culottes l'incommodoient fort & les manches de la veste lui faisoient mal aux épaules & sous les bras; mais tout cela étant élargi un peu dans les endroits nécessaires, commença bien-tôt à lui devenir famillier.

Le lendemain je me mis à délibérer où loger mon domestique, d'une maniere commode pour lui, sans que j'en eusse rien à craindre pour moy, s'il étoit assez méchant pour attenter quelque chose sur ma vie. Je ne trouvai rien de plus convenable que de lui faire une hutte entre mes deux retranchemens, & je pris toute la précaution nécessaire pour l'empêcher de venir dans mon Château malgré moi; de plus je résolus d'emporter toutes les nuits avec moi dans ma demeure tout ce que j'avois d'armes en ma possession.

Heureusement toute cette prudence n'étoit pas fort nécessaire, jamais homme n'eût un valet plus fidéle, plus rempli de candeur & d'amour pour son maître; il s'attachoit à moi avec une tendresse véritablement filiale; il étoit sans fantaisies, sans opiniâtreté, incapable d'emportement, & en toute occasion

casion il auroit sacrifié sa vie pour sauver la mienne. Il m'en donna en peu de tems un si grand nombre de preuves, qu'il me fût impossible de douter de son mérite & de l'inutilité de mes précautions à son égard.

Les bonnes qualitez de mon Esclave me faisoient remarquer souvent, que s'il avoit plû à Dieu dans sa sagesse, de priver un si grand nombre d'hommes du veritable usage de leurs facultez naturelles, qu'il leur avoit pourtant donné les mêmes principes de raisonnement qu'aux autres hommes, les mêmes desirs, les mêmes sentimens de reconnoissance, la même sincerité, la même fidélité, & que ces pauvres Barbares employoient toutes ces facultez, tout aussi bien que nous, dès qu'il plaisoit à la Divinité de leur donner l'occasion de s'appercevoir euxmêmes de l'excellence de leur Nature.

Cette réflexion me rendoit fort mélancolique, quand je songeois jusqu'à quel point nous nous servons mal nous-mêmes de toutes les facultez de nôtre raison, quoiqu'éclairée par l'Esprit de Dieu & par la connoissance de sa Parole; & je ne pouvois pas comprendre pourquoi la Providence avoit refusé le même secours à tant de millions d'ames, qui en auroient fait un meilleur usage que nous, si j'en puis juger par la conduite de mon Sauvage. Ma raison étoit quelquefois assez insolente pour s'en prendre à la Souveraineté de Dieu même, ne pouvant pas
conci-

concilier avec la Justice divine cette disposition arbitraire de la Providence, qui éclaire l'esprit des uns, laisse celui des autres dans les ténébres, & exige pourtant de tous les deux les mêmes devoirs. Tout ce que je pouvois imaginer pour me tirer de cette dificulté embarassante, c'est que Dieu étant infiniment saint & juste, ne puniroit ces Créatures, que pour avoir péché contre *les Lumieres qui leurs servent de Loi*; & qu'il ne les condamneroit que par des régles de Justice, qui passent pour telles dans leurs propres consciences. Qu'enfin nous sommes l'argille entre les mains du Potier, à qui aucun Vaisseau n'a droit de dire *pourquoi m'as-tu fait ainsi?*

Mais pour retourner à mon nouveau compagnon, j'étois charmé de lui; & je me faisois une affaire de l'instruire & de l'enseigner à parler & je le trouvai le meilleur Ecolier du monde; il étoit si gai, si ravi, quand il pouvoit m'entendre, ou faire ensorte que je l'entendisse, qu'il me communiquoit sa joye & me faisoit trouver un plaisir piquant dans nos conversations. Mes jours s'écouloient alors dans une douce tranquilité, & pourvû que les Sauvages me laissassent en paix, j'étois content de finir ma vie dans ces lieux.

Trois ou quatre jours après que j'avois commencé à vivre avec *Vendredy*, je résolus de le détourner de son appetit *Cannibale*, en lui faisant goûter d'autres viandes; je le con-

conduisis donc un matin dans les Bois, où j'a-vois dessein de tuer un de mes propres Chévreaux pour l'en régaler, mais en y entrant, je découvris par hazard une Chévre femelle couchée à l'ombre, & accompagnée de deux de ses petits; là-dessus j'arrêtai *Vendredy*, en lui faisant signe de ne pas bouger, & en même tems, je fis feu sur un des Chevreaux, & le tuai. Le pauvre Sauvage, qui m'avoit vû terrasser de loin un de ses ennemis, sans pouvoir comprendre la possibilité de la chose, effrayé de nouveau, trembloit comme la feüille. Sans tourner les yeux du côté du Chévreau, pour voir si je l'avois tué ou non, il ne songea qu'à ouvrir sa veste pour examiner s'il n'étoit pas blessé lui-même. Il craignoit sans doute que j'avois résolu de m'en défaire, car il vint se mettre à genoux devant moi, & embrassant les miens, il me tint d'assez longs discours, où je ne comprenois rien, sinon qu'il me supplioit de ne le pas tuër.

Pour le desabuser, je le pris par la main en souriant, je le fis lever, & lui montrant du doigt le Chévreau, je lui fis signe de l'aller chercher, ce qu'il fit, & dans le tems qu'il étoit occupé à découvrir comment cet animal avoit été tué, je chargeai mon fusil de nouveau. Dans le moment même j'aperçûs sur un arbre à la portée du fusil, un Oiseau, que je pris d'abord pour un Oiseau de proye, mais qui dans la suite se trouva être

un

un Perroquet: Là-deſſus j'appelle mon Sauvage, & lui montrant du doigt mon fuſil, le Perroquet & la terre, qui étoit ſous l'arbre, je lui fais entendre mon deſſein d'abattre l'Oiſeau ; je le fis tomber effectivement, & je vis mon Sauvage effrayé de nouveau, malgré tout ce que j'avois tâché de lui faire comprendre. Ne m'ayant rien vû mettre dans mon fuſil, il le regarda comme une ſource inépuiſable de ruine, & de deſtruction. De long-tems il ne pût revenir de ſa ſurpriſe, & ſi je l'avois laiſſé faire, je croy qu'il auroit adoré mon fuſil, auſſi-bien que moy ; il n'oſa pas y toucher pendant pluſieurs jours, mais il lui parloit, comme ſi cet inſtrument étoit capable de lui répondre; c'étoit, comme j'ai apris dans la ſuite, pour le prier de ne lui pas ôter la vie.

Quand je le vis un peu revenu de ſa frayeur, je lui fis ſigne d'aller chercher l'Oiſeau, ce qu'il fit; mais voyant qu'il avoit de la peine à le trouver, parce que la bête n'étant pas tout-à-fait morte s'étoit traînée aſſez loin de là, je pris ce tems pour recharger mon fuſil à l'inſçû de mon Sauvage ; il revint bien-tôt aprés avec ma proye, & moi ne trouvant plus l'occaſion de l'étonner encore, je m'en retournai avec lui dans ma demeure.

Le même ſoir j'écorchai le Chévreau, je le coupai en piéces, & j'en mis quelques morceaux ſur le feu dans un pot que j'avois, je les fis étuver, j'en fis un bon boüillon,

&

& je donnai une partie de cette viande ainsi préparée à mon Valet, qui voyant que j'en mangeois, se mit à en goûter aussi. Il me fit signe qu'il y prenoit plaisir, mais ce qui lui parût étrange, c'est que je mangeois du sel avec mon boüilli. Il me fit comprendre que le sel n'étoit pas bon, & aprés en avoir mis quelques brins dans sa bouche, il le cracha, & fit une grimace comme s'il en avoit mal au cœur, & ensuite se lava la bouche avec de l'eau fraîche. Pour moi au contraire, je fis les mêmes grimaces, en prenant une bouchée de viande sans sel, mais je ne pûs pas le porter à en faire de même, & il fut fort longtems, sans pouvoir s'y accoûtumer.

Aprés l'avoir ainsi aprivoisé avec cette nourriture, je voulus le jour d'aprés le régaler d'un plat de rôti, ce que je fis en attachant un morceau de mon Chevreau à une corde, & en le faisant tourner continuellement devant le feu, comme je l'avois vû pratiquer quelquefois en Angleterre. Dès que *Vendredy* en eût goûté, il fit tant de differentes grimaces pour me dire qu'il le trouvoit excellent & qu'il ne mangeroit plus de chair humaine, qu'il y auroit bien eu de la stupidité à ne le pas entendre.

Le lendemain je l'occupai à battre du bled & à le vanner à ma maniére, ce qu'en peu de tems il fit aussi-bien que moi; il apprît de même à faire du pain; en un mot, il ne lui fallut que peu de jours d'aprentissage pour
être

être capable de me servir de toutes les manieres.

J'avois à present deux bouches à nourir, & j'avois besoin d'une plus grande quantité de grain, que par le passé. C'est pourquoi je choisis un champ plus étendu, & je me mis à l'enclore, comme j'avois fait par raport à mes autres Terres, en quoi *Vendredy* m'aida, non-seulement avec beaucoup d'adresse, & de diligence, mais encore avec beaucoup de plaisir, sçachant que c'étoit pour augmenter mes provisions, & pour être en état de les partager avec lui. Il parût fort sensible à mes soins, & il me fit entendre, que sa reconnoissance l'animeroit à travailler avec d'autant plus d'assiduité. C'est là l'année la plus agréable, que j'aye passé dans l'Isle; *Vendredi* commençoit à parler fort joliment, il sçavoit déja les noms de presque toutes les choses dont je pouvois avoir besoin, & de tous les lieux, où j'avois à l'envoyer; ce qui me rendoit l'usage de ma langue qui m'avoit été si long-tems inutile, du moins par raport au discours. Ce n'étoit pas seulement par sa conversation qu'il me plaisoit, j'étois charmé de plus en plus de sa probité, & je commençois à l'aimer avec passion, voyant que de son côté il avoit pour moi tout l'attachement, & toute la tendresse possible.

Un jour j'ûs envie de sçavoir de lui, s'il regrettoit beaucoup sa patrie, & comme il

*Tome II.* K sça-

sçavoit assez d'Anglois pour répondre à la plûpart de mes questions, je lui demandai si la Nation n'étoit jamais victorieuse dans les combats, & se mettant à sourire, *oüi*, me dit-il, *nous toûjours combattre le meilleur;* c'est-à-dire, nous remportons toûjours la victoire. Là dessus nous eûmes l'Entretien suivant, que je range ici en forme de Dialogue.

*Le Maître.* Vôtre Nation combat toûjours le meilleur ? d'où vient donc que vous avez été fait prisonnier ?

*Vendredy.* Ma Nation pourtant combattre beaucoup.

*Le Maître.* Mais comment donc avez-vous été pris ?

*Vendredy.* Eux plus beaucoup que ma Nation, où moy être. Eux prendre un, deux, trois, & moi ; Ma Nation battre eux dans l'autre place, où moi n'être pas ; là ma Nation prendre, un, deux, grand mille.

*Le Maître.* Pourquoi donc vos gens ne vous ont pas repris sur les ennemis ?

*Vendredy.* Eux porter un, deux, trois & moi, dans le Canot. Ma Nation n'avoir point Canots, alors.

*Le Maître.* Eh bien *Vendredy*, dites-moi que fait vôtre Nation des Prisonniers, qu'elle fait, les emmene-t'elle pour les manger ?

*Vendredy.* Oüi, ma Nation aussi manger hommes, manger tout-à-fait,

*Le*

*Le Maître.* Où les mene-t'elle ?

*Vendredy.* Les mener par tout, où trouver bon.

*Le Maître.* Les mene-t'elle quelquefois ici ?

*Vendredy.* Oüi, ici, & beaucoup autres places.

*Le Maître.* Avez-vous été ici avec vos gens ?

*Vendredy.* Oüi, moi venir ici, dit-il, en montrant du doigt le Nord-Oüeſt de l'Iſle.

Par là je compris, que mon Sauvage avoit été par le paſſé dans l'Iſle à l'occaſion de quelque Feſtin Canniballe, ſur le rivage le plus éloigné de moi ; & quelque tems aprés, lorſque je me hazardai d'aller de ce côté-là avec lui, il reconnût d'abord l'endroit, & me conta qu'il avoit aidé un jour à manger vingt hommes, deux femmes, & un Enfant. Il ne ſçavoit pas compter juſqu'à vingt, mais il mit autant de pierres ſur le ſable, & me pria de les compter.

Ce diſcours me donna occaſion de lui demander, combien il y avoit de l'Iſle au Continent, & ſi dans ce trajet, les Canots ne périſſoient pas ſouvent ? Il me répondit qu'il n'y avoit point de danger, & qu'un peu avant dans la mer on trouvoit tous les matins le même vent & le même Courant, & tous les après-diners un vent & un Courant directement opoſez.

Je crus d'abord que ce n'étoit autre chose que le flux & le reflux ; mais je compris dans la suite, que ce Phœnomêne étoit causé par la grande Riviére *Oroonoque* dans l'embouchure de laquelle mon Isle étoit située, & que la terre que je découvrois à l'Oüest, & au Nord-Oüest étoit la grande Isle de la *Trinité*, située au Septentrion de la Riviére. Je fis mille questions à *Vendredy* touchant le Païs, les Habitans, la Mer, les Côtes, & les Peuples qui en étoient voisins, & il me donna sur tout cela toutes les ouvertures qu'il pouvoit ; mais j'avois beau lui demander les noms des differens peuples des environs, il ne me répondit rien, sinon *Caribs* ; d'où j'inferois que c'étoit les Isles Caribes, que nos Cartes placent du côté de l'Amérique, qui s'étend de la Riviere *Oroonoque*, vers *Guiana & Sainte Marthe*. Il me dit encore, que bien loin derriere la Lune ( il vouloit dire vers le couchant de la Lune, ce qui doit être à l'Oüest de leur païs ) il y avoit des hommes blancs, & barbus comme moi, & qu'ils avoient tué *gran' beaucoup Hommes*, c'étoit-là sa maniére de s'exprimer. Il étoit aisé de comprendre, qu'il désignoit par-là les Espagnols, dont les cruautez se sont répanduës par tous ces païs, & que les Habitants detestent par tradition.

Je m'informai de lui là-dessus, comment je pouvois faire pour venir parmi ces hommes blancs. Il me repartit que j'y pouvois

aller

aller *en deux Canots*, ce que je ne compris pas d'abord, mais quand il se fût expliqué par signes, je vis qu'il entendoit par là un Canot aussi grand que deux autres.

Cet entretien me fit grand plaisir, & me donna esperance de me tirer quelque jour de l'Isle, & de trouver pour cela un secours considérable dans mon fidelle Sauvage.

Je ne négligeois pas, parmi ces différentes conversations, de poser dans son ame les bazes de la Religion Chrétienne. Un jour entr'autres, je lui demandai, qui l'avoit fait. Le pauvre garçon ne me comprenant pas, crut que je lui demandois, qui étoit son Pere. Je donnai donc un autre tour à ma question, & je lui demandai, qui avoit formé la Mer, la Terre, les Collines, les Forêts. Il me dit que c'étoit un Vieillard nommé Benakmuckée, *qui survivoit à toutes choses.* Tout ce qu'il en savoit dire, c'est qu'il étoit fort âgé, plus âgé que la Mer, la Lune, & les Etoiles. Je lui demandai encore, pourquoi, puisque ce Veillard avoit fait toutes choses, toutes les choses ne l'adoroient pas ? Il me répartit avec un air de simplicité, que toutes les Créatures lui disoient O, c'est-à-dire dans son stile, lui rendoient hommage. Mais, lui dis-je, où vont les gens de vôtre païs aprés leur mort ? Ils vont tous chez *Bénakmukée*, me repliqua-t'il, & il me donna la même réponse à la même question que je lui fis, touchant leurs ennemis qu'ils mangeoient.

Je

Je tirai de-là occasion de l'instruire dans la connoissance du vrai Dieu ; je lui dis, que le grand Créateur de tous les Etres vit dans le Ciel, qu'il gouverne tout par le même pouvoir, & par la même sagesse, par lesquels il a tout formé ; qu'il est tout puissant, capable de faire tout pour nous, de nous donner tout, de nous ôter tout, & de cette maniere-là je lui ouvris les yeux par degrez. Il m'écoutoit avec attention, & paroissoit recevoir avec plaisir la notion de Jesus-Christ envoyé au Monde pour nous racheter, & de la véritable maniere d'adresser nos prieres à Dieu, qui pouvoit les entendre, quoiqu'il fût dans le Ciel.

Il me dit là-dessus, que puisque nôtre Dieu pouvoit nous entendre, quoiqu'il demeurât au de-là du Soleil, il devoit être un plus grand Dieu que leur *Bénakmukée*, qui n'étoit pas si éloigné d'eux, & qui cependant ne pouvoit les entendre, à moins qu'ils ne vinssent lui parler sur les hautes Montagnes, où il avoit sa demeure. Y avez vous été quelquefois, lui dis-je, pour avoir une pareille conférence ? Il me répondit, *que les jeunes gens n'y alloient jamais, & que c'étoit l'affaire des* Ookakée, *qui lui vont dire O, & qui leur raportent sa réponse*. Par ces Ookakée, il entendoit certains Vieillards, qui leur tiennent lieu de Prêtres.

Je compris par là, qu'il y a des *fraudes pieuses* même parmi les aveugles Payens, & que

que la raison de se réserver certains Mystéres du culte religieux, ne se trouve pas seulement chez le Clergé Romain, mais encore chez le Clergé de toutes les Religions quelques absurdes & quelques barbares qu'elles puissent être.

Je fis mes efforts pour rendre sensible à mon Sauvage la fraude de leurs Prêtres, en lui disant, que leur prétention d'aller parler à *Benamukée* & d'en raporter les réponses, étoit une fourberie, ou bien s'ils avoient réellement de pareilles conférences, que ce ne devoit être qu'avec quelque mauvais génie. J'eus par-là occasion d'entrer dans un discours détaillé concernant le Diable, son origine, sa rebellion contre Dieu, sa haine pour les hommes, qui le porte à se placer parmi les Peuples les plus ignorans, pour s'en faire adorer, les stratagêmes qu'il employe pour nous duper, la communication secrette qu'il se ménage avec nos passions, & nos penchans, & sa subtilité à accommoder si-bien ses piéges à nos inclinations naturelles, que nous devenons nos propres *tentateurs*, & que nous courons à nôtre perte de nôtre propre gré.

Les idées justes, que je m'éfforçois à lui donner du Diable, ne faisoient pas sur son esprit les mêmes impressions, que les notions de la Divinité. La Nature même l'aidoit à sentir l'évidence de mes arguments, touchant la nécessité d'une premiere Cause, &
d'une

d'une Providence, comme aussi touchant la Justice, qu'il y a à rendre hommage à celui, à qui nous devons nôtre existence & nôtre conservation. Mais il étoit fort éloigné de trouver les mêmes secours pour se former l'idée du Démon, de son origine, de son inclination à faire du mal, & à porter le Genre humain à l'imiter.

Le pauvre garçon m'embarassa un jour terriblement sur cette matiere, par une question qu'il me fit sans malice, & à laquelle pourtant je ne sçûs que lui répondre. En voici l'occasion.

Je venois de lui parler d'une maniére étenduë de la Toute-Puissance de Dieu, de son aversion pour le peché, par laquelle il devient un feu consumant pour les *Ouvriers d'iniquité*; & de son pouvoir de nous détruire dans un moment, comme dans un moment, il nous a créez. Il avoit écouté tout cela d'un air fort sérieux, & fort attentif.

J'en étois venu ensuite à lui conter que le Diable étoit l'ennemi de Dieu dans les cœurs des hommes, & qu'il se servoit de toute sa subtilité malicieuse pour détruire les bons desseins de la Providence, & pour ruiner le Royaume de Jesus-Christ. *Comment!* dit là-dessus Vendredy, *Dieu être si grand, si puissant, n'être pas lui plus grand, plus puissant que le Diable?* Certainement, lui dis-je, & c'est pour cette raison que nous prions Dieu, de pouvoir fouler le Diable sous nos pieds,

pieds, résister à ses tentations, & éteindre ses dards enflammez. Mais, repliqua-t'il, *si Dieu plus puissant, plus grand que le Diable, pourquoi Dieu ne pas tuer le Diable, non plus faire mauvais ?*

La question me surprit, j'étois un homme d'âge, mais fort jeune Docteur, & peu qualifié pour résoudre les difficultez. Comme je ne sçavois que dire, je fis semblant de ne pas l'entendre, & je lui demandai ce qu'il vouloit dire. Mais il souhaitoit trop sérieusement une réponse, pour oublier sa question: & il la répéta dans le même mauvais stile. Pour moi, ayant eu le tems de me reconnoître, je lui répondis, que Dieu puniroit le Diable à la fin sévérement, qu'il étoit réservé pour le Jugement dernier, qu'il le condamneroit au feu éternel: Ma solution ne satisfit pas mon Sauvage, & répétant mes paroles, *à la fin*, dit-il, *réservé pour le Jugement, moi non entendre, pourquoi non tuer le Diable à present, pourquoi non tuer grand auparavant* Il vaudroit autant me demander, répartis-je, pourquoi Dieu ne nous tuë pas vous & moi, quand nous l'offensons : il nous conserve, pour que nous nous repentions, & qu'il puisse nous pardonner. Aprés avoir un peu ruminé là-dessus, *bon bon*, dit-il avec une espéce de passion, *ainsi vous, moi, Diable, tous mauvais : tous préserver, tous repentir, Dieu tout pardonner à la fin.*

Me voilà atterré pour la seconde fois ?

marque certaine que les simples Notions de la nature peuvent conduire les Créatures raisonnables à connoître la Divinité & à lui adresser un culte religieux, mais que la Revelation seule nous peut mener à la connoissance d'un Christ, Rédempteur du Genre humain, Médiateur de la nouvelle Alliance, & nôtre Intercesseur devant le Trône de Dieu. Il n'y a, dis-je, qu'une Révélation Divine, qui puisse imprimer de telles Notions dans nôtre Ame, & par conséquent la Sainte Ecriture accompagnée de l'Esprit de Dieu nous peut instruire dans la *Science du Salut*.

Cette réflexion me fit interrompre mon entretien avec *Vendredy*, & me levant avec précipitation, je fis semblant d'avoir des affaires ; je trouvai même moyen de l'envoyer bien loin de-là sous quelque prétexte, & dans cet intervalle je priai Dieu ardemment de préparer le cœur de ce malheureux Sauvage par son Saint Esprit pour le rendre accessible à la connoissance de l'Evangile, qui seule pouvoit le réconcilier avec son Créateur, je le supliai de guider tellement ma langue quand je lui parlerois de sa Sainte Parole, que ses yeux pussent s'ouvrir, son esprit être convaincu, & son Ame sauvée.

Dès qu'il fut de retour, je me mis à lui parler fort au long de la Redemption du Genre humain par nôtre Divin Sauveur, de la Doctrine de l'Evangile, qui nous a été

été prêchée par le Ciel même, & dont les principaux points sont la Repentance & la Foy en Jesus-Christ. Je lui expliquai de mon mieux, pourquoi il n'avoit pas revêtu la Nature d'un Ange ; mais celle d'un homme, & comment pour cette raison, la Rédemption ne regardoit pas les Anges tombez, mais uniquement *les Brebis égarées de la Maison d'Israël.*

Il y avoit beaucoup plus de bonne volonté, que de connoissance, dans ma méthode d'instruire mon pauvre *Vendredy*, & j'avouë qu'il m'arriva, ce qui arrive en pareil cas à bien d'autres ; en travaillant à son instruction, je m'instruisois moi-même, sur plusieurs points, qui m'avoient été inconnus auparavant, ou du moins que je n'avois pas consideré avec assez d'attention, mais qui se présentoient naturellement à mon Esprit lorsque j'en avois besoin. Je me trouvois même plus animé à la recherche des veritez salutaires que je ne l'avois été de ma vie : ainsi, que j'aye réüssi avec mon Sauvage, ou non, du moins est-il sûr que j'avois de fortes raisons pour rendre graces au Ciel, de me l'avoir fait rencontrer. Quel bonheur pour moi dans l'exil auquel j'étois condamné, d'être non seulement porté par les châtimens de Dieu à tourner mes yeux du côté du Ciel pour chercher la main qui me frapoit, mais sur tout de me trouver un instrument de la Providence, pour sauver le corps d'un malheureux Sauvage, & peut-être aussi son ame, en le conduisant à la connoissance de Jesus-Christ qui est *la vie éternelle*.

Quand je réfléchissois sur toutes ces choses, une joye secrette & calme s'emparoit de mon cœur, & j'étois ravi d'être conduit par la Providence, dans un lieu que j'avois si souvent regardé comme la source de mes plus cruels malheurs.

Dans cette agréable disposition de mon cœur, entretenuë par les conversations de mon cher Sauvage, je passai trois années entiéres parfaitement heureux, s'il est permis d'apeller bonheur parfait, aucune situation de l'homme dans cette vie. Mon Esclave étoit déja aussi bon Chrétien que moi, & peut-être meilleur; nous pouvions joüir ensemble de la lecture de la Parole de Dieu, & son Esprit n'étoit pas plus éloigné de nous, que si nous nous étions trouvez en Angleterre.

Je m'appliquois sans relâche à cette lecture, & à lui en expliquer le sens selon mes foibles lumières, & à son tour il aiguisoit mon esprit par ses demandes sensées, & me rendoit plus habile dans les véritez salutaires, que je ne serois devenu en lisant en mon particulier. L'expérience m'aprit alors, que par une bénédiction inexprimable la connoissance de Dieu, & la Doctrine nécessaire à Salut sont si clairement exposées dans la Sainte Ecriture, que la simple lecture en suffit pour nous faire comprendre nos devoirs

pour

devoirs, pour nous exciter à nous mettre en possession d'un Sauveur, & à reformer entièrement nôtre vie en nous soûmettant avec obéïssance à tous les commandemens de Dieu Tel étoit mon sort, je n'avois aucun secours, du moins aucun secours humain, pour contribuer à mon instruction : & les mêmes moyens se trouverent suffisans pour éclairer mon Sauvage, & pour en faire un aussi bon Chrétien, que j'en aye jamais rencontré.

Pour la connoissance des disputes, & des controverses, qui sont si fréquentes dans le monde, & qui roulent sur le Gouvernement Ecclesiastique, ou sur quelque subtilité en matiere de Doctrine, elle nous étoit parfaitement inutile, comme à mon avis elle l'est à tout le reste du genre humain. Nous avions un Guide sûr pour le Salut sçavoir la Parole de Dieu, & graces au Seigneur, nous sentions d'une maniere très-consolante les Graces de son Saint Esprit ; qui nous menoit en toute verité & qui nous rendoit soumis aux ordres, & aux préceptes de sa Parole. A quoi nous auroit servi de démêler l'embaras des *points disputez*, qui ont produit tant de desordre dans le Monde, quand même nous aurions eu assez d'habileté pour y parvenir. Mais il est tems de revenir aux suites de mon Histoire

Dès que Vendredy & moi nous fumes en

état de conferer ensemble, & qu'il commença à parler coulamment du mauvais Anglois, je lui fis le recit de mes Avantures, au moins de celles, qui avoient quelque relation avec mon séjour dans cette Isle, & avec la maniere dont j'y avois vécu : je le fis entrer dans le myſtére de la poudre à canon & des balles, & je lui enſeignai la maniere de tirer, de plus je lui donnai un couteau, dont il ſe faiſoit un plaiſir extraordinaire, & je lui fis un ceinturon avec une guaine ſuſpenduë, comme celle où l'on met en Angleterre les couteaux de chaſſe ; mais appropriée pour y mettre une hache, dont l'utilité eſt beaucoup plus générale.

Je lui fis encore une deſcription de l'Europe & principalement de l'Angleterre ma Patrie, je lui dépeignis nôtre maniere de vivre, nôtre Culte Religieux, le commerce que nous faiſons par tout l'Univers, par le moyen de nos Vaiſſeaux : je n'oubliai pas de lui donner une idée du Vaiſſeau que j'avois été viſiter, & de l'endroit où il s'étoit échoüé. Il eſt vrai que cette particularité étoit peu néceſſaire, puiſque ſelon toutes les apparences, la mer l'avoit ſi-bien ruiné, qu'il n'en reſtoit pas la moindre trace.

Je lui fis remarquer auſſi les reſtes de la chaloupe, que nous perdîmes, quand je m'échapai du Naufrage : à peine y eut-il jetté les yeux, qu'il ſe mit à penſer avec un air d'étonnement ſans dire un ſeul mot. Je lui demandai quel étoit le sujet de sa méditation, à quoi il ne répondit, sinon ; *moi voir telle chaloupe ainsi chez ma Nation.*

Je ne sçavois pas ce qu'il vouloit dire pendant assez long-tems, mais après un plus mûr examen, je compris qu'il vouloit me faire entendre, qu'une semblable chaloupe avoit été portée par un Orage sur le rivage de sa Nation. Je conclus de là que quelque Vaisseau Européen devoit avoir fait Naufrage sur ces Côtes ; & que peut-être les vents ayant détaché la chaloupe, l'avoient poussée sur le sable, mais je fus assez stupide pour ne me mettre pas dans l'esprit seulement que des hommes s'étoient sauvez du Naufrage par ce moyen. La seule chose où je songeois, c'étoit de demander à mon Sauvage une description de la chaloupe en question.

Il s'en acquita assez bien ; mais il me fit entrer tout à-fait dans sa pensée en y ajoûtant ; *Nous sauver les blancs hommes de noyer.* Je lui demandai d'abord s'il y avoit donc quelques hommes blancs dans cette chaloupe. *Oui*, dit-il, *la chaloupe pleine d'hommes blancs.* Et en comptant par ses doigts il me fit comprendre qu'il y en avoit eu jusqu'à dix-sept, & qu'ils demeuroient chez sa Nation.

Ce discours remplit mon cerveau de nouvelles chimeres ; je m'imaginai d'abord, que c'étoient les gens du Vaisseau échoué à la vûë de mon Isle, qui d'abord que le bâtiment avoit donné contre les rochers, & qu'ils s'étoient crûs perdus, s'étoient jettez dans la barque, & que par bonheur ils s'étoient sauvez sur les Côtes des Sauvages. Cette imagination m'excita à demander avec plus d'exactitude ce que ces gens étoient devenus. Il m'assura qu'ils étoient encore là qu'ils y avoient demeuré pendant quatre ans, subsistant par les vivres qui leur étoient fournis par sa Nation ; & lorsque je lui demandai, pourquoi ils n'avoient pas été mangez, il me répondit : *Ils faire frere avec eux, non manger hommes, que quand la guerre faire battre.* C'est-à-dire que sa Nation avoit fait la paix avec eux, & qu'elle ne mangeoit que les Prisonniers de guerre.

Il arriva assez longtems aprés, qu'étant au haut d'une colline du côté de l'Est, d'où, comme j'ai dit, on pouvoit découvrir, dans un tems serain, le Continent de l'Afrique, aprés avoir attentivement regardé de ce côté-là, il parut tout extasié. Il se mit à sauter & à gambader ; je lui en demandai le sujet, & il commença à crier de toutes ses forces : *O joye, ô plaisant, là voir mon Pays, là ma Nation.*

Le sentiment de sa joye étoit répandu sur tout son visage, & je crus lire dans le feu de ses yeux un desir violent de retourner dans sa Patrie. Cette découverte me rendit moins tranquille sur son chapitre, & je ne doutai point que si jamais il trouvoit une occasion d'y venir, il n'oubliât absolument, & ce que je je lui avois enseigné sur la Religion, & toutes les obligations qu'il pouvoit m'avoir. Je craignis même, qu'il ne fut capable de me découvrir à ses Compatriotes & d'en mener dans l'Isle quelques centaines pour les regaler de ma chair, avec la même gayeté qui lui avoit été ordinaire autrefois, en mangeant quelqu'un de ses Ennemis.

Mais je faisois grand tort au pauvre garçon dont je fus fort mortifié après. Cependant durant quelques semaines que la jalousie me possedoit, je fus plus circonspect à son égard, & je lui fis moins de caresses, dans le tems que cet honnête Sauvage fondoit toute sa conduite sur les plus excellens principes du Christianisme, & d'une Nature bien dirigée.

On croira facilement que je ne negligeois rien pour penetrer les desseins, dont je le soupçonnois ; mais je trouvois dans toutes ses paroles tant de candeur, tant de probité, que mes soupçons devoient necessairement tomber à la fin faute de nourriture. Il ne s'apercevoit seulement pas que mes manieres étoient changées à son égard, preuve evidente, qu'il ne songeoit à rien moins qu'à me tromper.

Un jour me promenant avec lui sur la colline dont j'ai déja fait plusieurs fois mention, dans un tems trop chargé pour découvrir le Continent je lui demandois s'il ne se souhaitoit pas dans son Pays au milieu de sa Nation ; *Oüi* ; répondit-il, *moi fort joyeux voir ma Nation.* Eh qu'y feriez-vous, lui
dis-je,

dis-je, voudriez-vous redevenir Sauvage, & manger encore de la chair humaine ? Il parût chagrin à cette question, & branlant la tête, *non*, repliqua-t'il, *Vendredy leur conter vivre bons, prier Dieu, manger pain de bled, chair de bêtes, lait, non plus manger hommes.* Mais ils vous mangeront répartis-je : *non*, dit-il, *eux non tuer moi, volontiers aimer aprendre*, à quoi il ajoûta qu'ils avoient apris beaucoup de choses des hommes barbus qui y étoient venus dans la chaloupe. Je lui demandai alors, s'il avoit envie d'y retourner, & lorsqu'il m'eût répondu en souriant qu'il ne pouvoit pas nager jusques-là, je lui promis de lui faire un *Canot*. Il me dit alors qu'il le vouloit bien, pourvû que je fusse de la partie, & il m'assura que bien loin de me manger, ils feroient grand cas de moi, lorsqu'il leur auroit conté que j'avois sauvé sa vie, & tué ses ennemis : & pour me tranquilliser là-dessus, il me fit un grand détail de toutes les bontez qu'ils avoient eû pour les hommes barbus, que la Tempête avoit jetté sur leur Rivage.

Depuis ce tems-là je pris résolution de hazarder le passage, dans le dessein de joindre ces Etrangers, qui devoient être, selon moi, des Espagnols, ou des Portugais, ne doutant point que je ne regagnasse ma Patrie, si j'avois une fois le bonheur de me trouver sur le Continent avec une si nombreuse compagnie, ce que je ne pouvois gueres esperer, si je demeurois

meurois dans une Isle éloignée de la Terre ferme de plus de quarante lieuës.

Dans cette vûë je résolus de mettre *Vendredy* au travail, & je le menai de l'autre côté de l'Isle, pour lui montrer ma chaloupe, & l'ayant tirée de l'eau, sous laquelle je la conservois; je la mis à flot, & nous y entrâmes tous deux. Voyant qu'il la manioit avec beaucoup d'adresse & de force, & qu'il la faisoit avancer le double de ce que j'étois capable de faire. Eh bien, lui dis-je, *Vendredy*, nous en irons-nous chez vôtre Nation? Mais quand je le vis tout stupefait par la crainte que la barque ne fut trop foible pour ce voyage, je lui fis voir l'autre, que j'avois faite autrefois, & qui étant demeurée à sec, depuis 23. ans étoit fenduë partout, & presque entierement pourrie. Il me fit entendre que ce bâtiment étoit grand de reste pour passer la mer avec toutes les Provisions, qui nous étoient nécessaires.

Déterminé à exécuter mon dessein, je lui dis que nous devions nous en aller faire un de cette grandeur-là, pour qu'il pût s'en servir pour s'en retourner chez lui. A cette proposition il baissa la tête d'un air fort chagrin sans répondre un seul mot, & quand je lui demandai la raison de son silence, il me dit d'un ton lamentable; *pourquoi vous en colere contre Vendredy, quoi moi fait contré vous?* Je lui répondis qu'il se trompoit & que je n'étois point du tout en colere. *Point colere!*

colere ! repliqua-t'il, en répetant plusieurs fois les mêmes paroles, *point colere, pourquoi donc envoyer Vendredi auprès ma Nation?* Quoi, dis-je, ne m'avez vous pas dit que vous souhaitiez y être ? Oüi, oüi répartit-il, *souhaiter tous deux là, non Vendredi là, & point Maître là*. En un mot il ne vouloit pas entendre parler d'entreprendre le passage sans moi.

Après l'avoir questionné sur l'utilité qui me reviendroit d'un pareil voyage, il me répondit avec vivacité : *Vous faire grand beaucoup bien, vous enseigner hommes Sauvages être hommes aprivoisez, leur enseigner connoître Dieu, prier Dieu, vivre nouvelle vie*. Hélas ! mon enfant, lui dis-je, vous ne sçavez pas ce que vous dites, je ne suis moi-même qu'un pauvre ignorant : oüi, oüi, repliqua-t'il, *vous moi enseigner bonnes choses, vous enseigner eux bonnes choses aussi*.

Nonobstant ces marques de son attachement pour moi, je fis semblant de continuer dans mon dessein de le renvoyer, ce qui le désespera si fort, que courant à une des haches qu'il portoit d'ordinaire, il me la presenta : en me disant : *Vous prendre, vous tuer Vendredi, non envoyer Vendredi chez ma Nation*. Il prononça ces mots les yeux pleins de larmes, & d'une maniere si touchante, que je fus convaincu de sa constante tendresse pour moi, & que je lui promis de ne le renvoyer jamais contre son gré.

Tout ce qui portoit mon Sauvage au défir de me mener avec lui dans fa Patrie, c'étoit fon amour pour fes Compatriotes, aufquels il croyoit mes inftructions utiles. Pour moi mes vûës étoient d'un autre nature, je ne fongeois qu'à joindre les hommes barbus, & fans differer davantage je me mis à choifir un grand arbre, pour en faire un grand Canot, propre pour nôtre voyage. Il y en avoit affez dans l'Ifle, mais je fouhaitois d'en trouver un affez près de la mer, pour pouvoir le lancer fans beaucoup de peine, dès qu'il feroit transformé en barque.

Mon Sauvage en trouva bien-tôt un d'un bois, qui m'étoit inconnu, mais qu'il connoiffoit propre pour nôtre deffein. Il étoit d'avis de le creufer, en brûlant le dedans, mais après que je lui eus enfeigné la maniere de le faire par le moyen de *Coins de fer*, il s'y prit fort adroitement, & après un mois de travail, il perfectionna fon ouvrage; la barque étoit fort bien tournée, fur tout quand par le moyen de nos haches nous lui eûmes donné par dehors la veritable tournure d'une chaloupe, aprés quoi nous fûmes encore occupez une quinzaine de jours à la mettre à l'eau, ce que nous fimes pouce aprés pouce par le moyen de quelques rouleaux.

J'étois furpris de voir avec quelle adreffe mon Sauvage fçavoit la manier & la tourner quelque grande qu'elle fut. Je lui demandai fi elle étoit affez bonne, pour y ha-

hazarder le passage, & il m'assura, que nous le pouvions, même dans un grand vent. J'avois pourtant encore un dessein, qui lui étoit inconnu, c'est d'y ajoûter un mât, une voile, une ancre, & un cable. Pour cet effet je choisis un jeune Cedre fort droit, & je l'employai à l'abatre, & à lui donner la figure nécessaire. Pour moi je fis mon affaire de la voile; je sçavois qu'il me restoit un bom nombre de morceaux de vieilles voiles, mais comme je n'avois été gueres soigneux de les conserver pendant vingt-six ans, je craignois qu'elles ne fussent absolument pouries. J'en trouvai pourtant deux lambeaux passablement bons, je me mis à y travailler, & aprés la fatigue d'une couture longue, & penible faute d'éguilles, j'en fis enfin une mauvaise voile triangulaire, que nous apellons en Angleterre *une Epaule de mouton*, & qu'on employe d'ordinaire dans les chaloupes de nos Vaisseaux; c'étoit celle dont la manœuvre m'étoit la plus familiere, puisqu'avec une pareille voile, je m'étois échapé autrefois de Barbarie, comme le Lecteur a vû ci-devant.

Je mis près de deux jours à funer & à dresser mon mât & mes voiles, & à mettre la derniere main à tout ce qui étoit necessaire à la barque; j'y ajoûtai un petit *étai* & une *mizaine* pour aider le bâtiment, en cas qu'il fût trop emporté par la marée; qui plus est, j'attachai un Gouvernail à la poupe, & quoique je fus un assez mauvais Charpentier ; comme je sçavois l'utilité, & même la nécessité de cette piéce, je travaillai avec tant d'aplication qu'enfin j'en vins à bout. Mais quand je considere toutes les inventions dont je me servis pour supléer à ce qui me manquoit, je suis persuadé que le Gouvernail seul me couta autant de peine, que toute la barque.

Il s'agissoit alors d'enseigner la manœuvre à mon Sauvage, car quoiqu'il sût parfaitement faire aller un Canot à force de rames, il étoit fort ignorant dans le maniement d'une voile, & d'un gourvernail. Il étoit dans un étonnement inexprimable, quand il me voyoit tourner & virer ma barque à ma fantaisie, & les voiles changer & s'enfler du côté où je voulois faire cours. Cependant un peu d'usage lui rendit toutes ces choses familieres, & en peu de tems il devint un parfaitement bon Matelot, excepté qu'il me fut impossible de lui faire comprendre la Boussole. Ce n'étoit pas un grand malheur, car nous avions rarement un tems couvert & jamais des broüillards, de maniere que la *Boussolle* nous étoit assez inutile, puisque pendant la nuit nous pouvions voir les Etoilles, & découvrir le Continent même pendant le jour, horsmis dans les Saisons pluvieuses, dans lesquelles personne ne s'avisoit de mettre en mer.

J'étois alors entré dans la vingt-septiéme année de mon exil dans cette Isle, quoique
je

je ne puisse gueres apeller exil, les trois derniers ans, où j'ai joüi de le compagnie de mon fidelle Sauvage. Je continuois toujours à celebrer l'Anniversaire de mon débarquement dans l'Isle, avec la même reconnoissance envers Dieu, dont j'avois été animé dans le commencement : il est certain même que dans ma situation presente, cette reconnoissance devoit redoubler par les nouveaux bienfaits, dont la providence me combloit, & sur tout par l'esperance prochaine, qu'elle me faisoit concevoir de ma délivrance. J'étois persuadé que l'année ne se passeroit pas sans voir mes vœux accomplis, mais cette persuasion ne me faisoit rien negliger de mon économie ordinaire, je remuois la terre, comme de coûtume, je plantois, je faisois des enclos, je sechois mes raisins, en un mot j'agissois comme si je devois finir ma vie dans l'Isle.

La Saison pluvieuse étant survenuë, j'étois obligé à garder la maison plus qu'en d'autres tems : j'avois déja pris auparavant mes mesures, pour mettre nôtre petit *Bâtiment* en sûreté, je l'avois fait entrer dans la petite Baye, dont j'ai fait plusieurs fois mention ; je l'avois tiré sur le rivage, pendant la haute marée, & *Vendredy* lui avoit creusé un petit Chantier justement assez grand pour la contenir, & assez profond pour pouvoir lui donner autant d'eau qu'il falloit pour la mettre à flot, & pendant la basse marée, nous avions pris toutes les précautions nécessaires faires pour empêcher l'eau de la mer d'entrer, malgré nous, dans ce Chantier. Pour la mettre à l'abri de la pluye, nous la couvrimes d'un si grand nombre de branches d'arbre, qu'un toît de chaume n'est pas plus impenetrable. De cette maniere nous attendîmes les mois de Novembre & de Décembre, dans l'un desquels je m'étois déterminé à hazarder le passage.

Mon desir d'exécuter mon entreprise s'affermit avec le retour du tems stable, & j'étois continuellement occupé à préparer tout, principalement à assembler les provisions nécessaires pour le voyage ayant dessein de me mettre en mer dans une quinzaine de jours. Un matin, pendant que je travaillois de cette maniere à nos préparatifs, j'ordonnai à *Vendredi* d'aller sur le bord de la mer, pour chercher quelque Tortuë, dont la trouvaille nous étoit fort agréable tant à cause des œufs, que de la viande. Il n'y avoit qu'un moment qu'il étoit sorti quand je le vis revenir à toutes jambes, & voler par-dessus mon retranchement exterieur, comme si ses pieds ne touchoient pas à terre. Sans me donner le tems de lui faire des questions il se mit à crier : *O Maître, Maître ô douleur, ô mauvais*. Qu'y a-t-il, *Vendredi*? lui dis-je : *O*, répondit-il, *là bas un, deux, trois Canots, un, deux, trois*. Je conclus de sa maniére de s'exprimer, qu'il devoit y avoir six Canots, mais je trouvai dans la suite, qu'il n'y en avoit que trois.

J'avois beau tâcher de le rassûrer, le pauvre garçon continuoit à être dans des transes mortelles, se persuadant, que les Sauvages étoient venus exprés pour le découvrir, pour le mettre en piéces, pour le dévorer. Courage, *Vendredy* lui dis-je, je suis dans un aussi grand danger que toi, s'ils nous attrapent, ils n'épargneront pas plus ma chair que la tienne ? c'est pourquoi il faut que nous nous resolvions à les combatre, sais tu te battre, mon enfant ? *Moi tirer* répliqua-t-il, *mais venir là plusieurs grand nombre.* Ce n'est pas une affaire, lui dis-je, nos armes à feu effrayeront ceux qu'elles ne tueront pas : je suis résolu de hazarder ma vie pour toi, pourvû que tu m'en promette autant, & que tu veüilles éxactement suivre mes ordres : *Oüi*, répondit-il, *moi mourir, quand mon Maître ordonne mourir.*

Là-dessus je le fis boire un bon coup de mon *Rum*, pour lui fortifier le cœur, je lui fis prendre mes deux fusils de Chasse, que je chargeai de la plus grosse dragée ; je pris encore quatre mousquets, sur chacun desquels je mis deux clouds & cinq petites balles, je chargeai mes pistolets tout aussi bien à proportion ; je mis à mon côté mon grand sabre tout nud, & j'ordonnai à *Vendredi* de prendre sa hache.

M'étant préparé de cette maniere, je pris une de mes lunettes, & je montai au haut de la la colline, pour découvrir ce qui se passoit sur le rivage : j'apperçus bien-tôt que nos ennemis y étoient au nombre de vingt & un, avec trois prisonniers, qu'ils étoient venus en trois *Canots*, & qu'ils avoient dessein de faire un Festin de triomphe, par le moyen de ces trois corps humains.

J'observai encore, qu'ils étoient débarquez non dans l'endroit, où *Vendredi* leur étoit échapé ; mais bien plus près de ma petite *Baye*, où le rivage étoit bas, & où un bois épais s'étendoit presque jusqu'à la mer. Cette découverte m'anima d'un nouveau courage, & retournant vers mon esclave, je lui dis, que j'étois déterminé à les tuer tous, s'il vouloit m'assister avec vigueur : sa peur étant alors passée, & le *Rum* ayant mis ses esprits en mouvement, il parut plein de feu, & repeta avec un air ferme : *moi mourir quand vous ordonne mourir*.

Pour mettre à profit ce moment de noble fureur je partageai les armes entre nous deux; je lui donnai un pistolet pour mettre à sa ceinture, je lui mets trois fusils sur l'épaule; j'en prends autant pour moi, & nous nous mettons en marche. Outre mes armes, je m'étois pourvû d'une bouteille de *Rum*, & j'avois chargé mon esclave d'un sac plein de poudre, & de balles. Le seul ordre qu'il avoit à suivre étoit de marcher sur mes pas, de ne faire aucun mouvement, de ne pas dire un mot, sans que je lui eusse commandé.

Dans cette posture je cherchai à main droite un détour, pour venir de l'autre côté de la Baye & pour gagner le bois, afin d'avoir les Cannibales à portée de fusil, avant qu'ils m'eussent découvert. Je vins aisément à bout de trouver une telle route par le moyen de mes lunettes d'aproche.

Tout en marchant, je rallentis beaucoup par mes reflexions, l'ardeur qui m'avoit porté à cette entreprise; ce n'étoit pas que le nombre des ennemis me fit peur, ils étoient nuds, & certainement j'avois lieu de nous croire plus forts qu'eux: mais les mêmes raisons qui m'avoient donné autrefois de l'horreur pour un pareil massacre, faisoient encore de vives impressions sur mon esprit: *quelle necessité*, dis-je en moi-même, *me porte à tremper mes mains dans le sang d'un Peuple, qui n'a jamais eu la moindre intention de m'offenser? Leurs coûtumes barbares font leur propre malheur, & font une preuve, que Dieu les a livrez aussi bien que tant d'autres Nations à leur stupide brutalité, m'établir Juge de leurs actions, & éxécuteur de sa Justice; il l'exercera sur eux lui-même quand il le voudra, & de la maniere, qu'il le trouvera bon. C'est une autre affaire par raport à Vendredi; qui est leur ennemi déclaré, & dans un état de guerre légitime avec eux; mais il n'y a rien de tel entr'eux & moi.*

Ces pensées me jetterent dans une grande incertitude, dont je sortis enfin, en re-
sol-

leur barbare Festin, & d'agir selon que le Ciel m'inspireroit, mais de ne me point mêler de leurs affaires, à moins que quelque chose ne se presentât à mes yeux, comme une vocation plus particuliere.

Dans cette vûë j'entrai dans le bois, avec toute la précaution & tout le silence possible, ayant *Vendredi* sur mes talons, & je m'avançai jusqu'à ce qu'il n'y eut qu'une petite pointe du bois entre nous & les Sauvages; apercevant alors un arbre fort élevé, j'apelle *Vendredi* tout doucement, & je lui ordonne de percer jusques-là, pour découvrir à quoi les Sauvages s'occupoient. Il le fit, & vint bien-tôt me raporter, qu'on les voyoit de-là distinctement; qu'ils étoient tous au tour de leur feu, se regalant de la chair d'un de leurs prisonniers, & qu'à quelques pas de là, il y en avoit un autre garotté, & étendu sur le sable, qui auroit bien-tôt le même sort; que ce dernier n'étoit pas de leur Nation; mais un des hommes barbus, qui s'étoient sauvez dans son Pays avec une chaloupe. Ce raport, & surtout la particularité du *Prisonnier barbu* ranima toute ma fureur, je m'avançai vers l'arbre moi-même, & j'y vis clairement un homme blanc couché sur le sable, les mains & les pieds garottez; les habits dont je le vis couvert, ne me laisserent point douter un moment, que ce ne fût un Européen.

Il y avoit un autre arbre revêtu d'un petit
buis-

buisson environ plus près de leur horible festin, de 50. vergées, où si je pouvois parvenir sans être aperçû, je vis que je les aurois à demi-portée de fusil. Cette découverte me donna assez de prudence pour maîtriser ma passion pour quelques momens, quoique ma rage fût montée jusqu'au plus haut dégré, & me glissant derriere quelques broussailles, je parvins à cet endroit où je trouvai une petite élevation, d'où je découvris à quatre-vingt vergées de moi tout ce qui se passoit.

Je vis qu'il n'y avoit pas un instant à perdre, dix-neuf de ces Barbares étoient assis à terre, serrez les uns contre les autres, ayant détaché deux *Bouchers*, pour leur apporter aparemment le pauvre Chrétien, membre à membre. Ils étoient déja occupez à lui délier les pieds, quand me tournant vers mon Esclave ; allons, *Vendredy*, lui dis-je, suis mes ordres exactement, fais précisément ce que tu me verras faire, sans manquer dans le moindre point : il me le promit, & là-dessus posant à terre un de mes mousquets, & un de mes fusils de chasse, je le vis m'imiter avec exactitude. Avec mon autre mousquet je couchai les Sauvages en joüe, en lui ordonnant d'en faire autant : *Es-tu prêt*, lui dis-je. *Oüi*, répondit-il, & en même tems nous fimes feu l'un & l'autre.

*Vendredi* m'avoit tellement surpassé à viser juste, qu'il en tua deux, & en blessa trois ; au lieu que je n'en blessai que deux, & ne
don-

donnai la mort qu'à un seul. On peut juger, si les autres étoient dans une terrible consternation; tous ceux qui n'étoient pas blessez, se leverent précipitamment sans sçavoir de quel côté tourner leurs pas pour éviter le danger, dont la source leur étoit inconnuë ; *Vendredi* cependant avoit toûjours les yeux fixez sur moi, pour observer & pour imiter mes mouvemens. Après avoir vû l'effet de nôtre premiere décharge, je jettai mon mousquet, pour prendre le fusil de chasse, & mon Esclave en fit de même. Il coucha en jouë comme moi ? *Es-tu prêt*, lui demandai-je encore, & dès qu'il m'eut dit, qu'*oüi : feu donc*, lui dis-je, *au nom de Dieu*, & en même tems nous tirames encore parmi la troupe effrayée, & comme nos armes étoient chargées d'une dragée grosse, comme de petites balles de pistolet, il n'en tomba que deux mais il y en avoit tant de blessez, que nous les vimes courir çà & là, tous couverts de sang, & qu'un moment aprés il en tomba encore trois, à demi-morts.

Ayant jetté alors à terre les armes déchargées, je saisis mon second mousquet, j'ordonnai à *Vendredi* de me suivre, ce qu'il fit avec beaucoup d'intrepidité. Je sortis brusquement du bois avec *Vendredi* sur mes talons, & dès que je fus découvert, je poussai un grand cri, comme il fit aussi de son côté ; ensuite je me mis à courir de toutes mes forces, autant que me le permettoit le fardeau d'armes que je portois, vers la pauvre victime, qui étoit étendüe sur le sable, entre ce lieu du festin & la mer. Les *Bouchers*, qui alloient exercer leur art sur ce pauvre malheureux, l'avoient abandonné au bruit de nôtre premiere décharge, & prenant la fuite avec une terrible frayeur, du côté de la mer, s'étoient jettez dans un des Canots, où ils furent suivis par trois autres ; je criai à *Vendredi* de courir de ce côté-là, & de tirer dessus. Il m'entendit d'abord, & s'étant avancé sur eux d'une quarantaine de vergées, il fit feu sur eux. Je crus au commencement qu'il les avoit tous tuez, les voyant tomber les uns sur les autres, mais j'en revis bien-tôt deux sur pied, il en avoit pourtant tué deux, & blessé un troisiéme d'une telle maniere qu'il resta comme mort au fond de la barque.

Pendant que mon Sauvage s'attachoit ainsi à la destruction de ses ennemis, je tirai mon couteau, pour couper les liens du pauvre prisonnier, & ayant mis en liberté ses pieds, & ses mains, je le mis sur son séant, & je lui demandai en Portugais qui il étoit : il me répondit en Latin, *Christianus*, mais le voyant si foible, qu'il avoit de la peine à se tenir debout, & à parler, je lui donnai ma bouteille, & lui fis signe de boire, il le fit, & mangea encore un morceau de pain que je lui avois donné pareillement. Aprés avoir un peu répris ses esprits, il me fit entendre qu'il étoit Espagnol, & qu'il m'avoit toutes les
obli-

obligations imaginables, pour l'important service que je venois de lui rendre: je me servis de tout l'Espagnol, que je pouvois rassembler, & je lui dis, *Senor*, nous parlerons une autrefois; mais à present il faut combattre, s'il vous reste quelque force, prenez ce pistolet, & cette épée, & faites-en un bon usage. Il le prit d'un air reconnoissant, & il sembloit que ces armes lui fissent revenir toute sa vigueur. Il tomba dans le moment sur ses ennemis, comme une Furie & dans un tour de main, il en dépêcha deux à coups de sabre. Il est vrai qu'ils ne se défendoient guéres. Ces pauvres Barbares étoient si effrayez du bruit de nos fusils, qu'ils étoient aussi peu en état de songer à leur conservation, que leur chair avoit été capable de résister à nos balles. Je m'en étois bien aperçu, lorsque *Vendredy* avoit fait feu sur ceux qui étoient dans la barque, dont les uns avoient été terrassez par la peur, tout aussi-bien que les autres par les blessures.

Je tenois toûjours mon dernier fusil dans la main sans le tirer, pour n'être pas pris à dépourvû. C'étoit tout ce que j'avois pour me défendre, ayant donné mon pistolet & mon sabre à l'Espagnol. J'ordonnai cependant à *Vendredi*, de retourner à l'arbre, où nous avions commencé le combat, & d'y chercher nos armes déchargées, ce qu'il fit avec une grande rapidité. Pendant que je m'étois mis à terre pour les charger de nouveau, je vis un combat très-vigoureux entre l'Espagnol & un des Sauvages, qui étoit allé sur lui avec un de ces sabres de bois, qui avoient été destinez à le priver de la vie, si je ne l'avois empêché. L'Espagnol, qui bien que foible, étoit aussi brave & aussi hardi, qu'il est possible de l'être, avoit déja combattu l'Indien pendant quelque tems, & lui avoit fait deux blessures à la tête, quand l'autre l'ayant saisi par le milieu du corps, le jetta à terre & fit tous ses efforts pour lui arracher mon épée : l'Espagnol ne perdit pas son sang froid dans cette extrêmité ; il quitta sagement le sabre, mit la main au pistolet & tua son ennemi sur le champ. *Vendredi*, qui n'étoit plus à portée de recevoir mes ordres, se voyant en pleine liberté, poursuivit les autres Sauvages avec sa hache, de laquelle il dépêcha d'abord trois de ceux qui avoient été jettez à terre par nos décharges, & ensuite tous les autres qu'il pût attraper. De l'autre côté l'Espagnol ayant pris un de mes fusils, se mit à la poursuite de deux autres, qu'il blessa tous deux ; mais comme il n'avoit pas la force de courir, ils se sauverent dans le bois, où *Vendredi* en tua encore un; pour le second qui étoit d'une agilité extrême, il lui échapa, se jetta à corps perdu dans la mer, & gagna à la nage le Canot, où il y avoit trois de ses Camarades, dont l'un, comme j'ai déja dit, étoit blessé ; ces quatre furent les seuls qui se sauverent de nos mains,

de

de toute la troupe, comme il est aisé de voir par la Liste suivante :

| | |
|---|---:|
| Trois tuez par nôtre premiere décharge. | 3 |
| Deux tuez par la seconde. | 2 |
| Deux tuez par *Vendredi* dans le Canot. | 2 |
| Deux tuez par le même, de ceux qui avoient été d'abord blessez. | 2 |
| Un tué par le même dans le bois. | 1 |
| Trois tuez par l'Espagnol. | 3 |
| Quatre tuez par *Vendredi* dans le bois où leurs blessures les avoient fait tomber çà & là. | 4 |
| Quatre sauvez dans le Canot, parmi lesquels un blessé. | 4 |
| En tout | 21 |

Ceux qui étoient dans le Canot, faisoient force de rames pour se mettre hors de la portée du fusil ; & quoique mon Esclave leur tirât encore deux ou trois coups, je n'en vis pas un faire mine d'en être touché. Il souhaitoit fort que nous prissions un des Canots pour leur donner la chasse : ce n'étoit pas sans raison. Il étoit fort à craindre, s'ils échapoient, qu'ils ne fissent le recit de leur triste avanture à leurs Compatriotes, & qu'ils ne revinssent avec quelques centaines de barques, pour nous accabler par leur nombre. J'y consentis donc, je me jettai dans un de leurs Canots, en commandant à *Vendredy* de me suivre : mais je fus bien surpris en y voyant un troisiéme prisonnier garotté de la même maniere que l'avoit été l'Espagnol, & presque mort de peur, n'ayant pas sçû ce dont il s'agissoit ; car il étoit tellement lié, qu'il avoit été incapable de lever la tête, & qu'il lui restoit à peine un souffle de vie.

Je me mis d'abord à couper les cordes, qui l'incommodoient si fort, je m'efforçai à le lever, mais il n'avoit pas la force de se soutenir, ou de parler. Il jetta seulement des cris sourds, mais lamentables craignant sans doute qu'on ne le déliât, que pour lui ôter la vie.

Dés que *Vendredy* fut entré dans la barque je lui dis de l'assûrer de sa délivrance, & de lui donner un coup de mon *Rum*, ce qui joint à la bonne Nouvelle, où il ne s'attendoit pas, le fit revivre, & lui donna assez de forces, pour se mettre sur séant.

Dès que *Vendredi* l'eut bien regardé, & l'eut entendu parler, c'étoit une chose à tirer les larmes des yeux, à l'homme le plus insensible, de le voir baiser, embrasser ce Sauvage, de le voir pleurer, rire, sauter, danser à l'entour, ensuite se tordre les mains, se battre le visage, & puis chanter, sauter, danser de nouveau : enfin se comporter comme s'il étoit hors de sens. Pendant quelques momens, il n'avoit pas la force de m'explim'expliquer la cause de tant de mouvemens oposez ; mais étant un peu revenu à lui, il me dit que ce Sauvage étoit son pere.

Il m'est impossible d'exprimer jusqu'à quel degré je fus touché des transports que l'amour filial produisoit dans le cœur du pauvre garçon, à la vûë de son pere délivré des mains de ses bourreaux. Il m'est tout aussi difficile de bien dépeindre toutes les tendres extravagances, où ce spectacle le jettoit : tantôt il entroit dans le Canot, tantôt il en sortoit, tantôt il y rentroit de nouveau, il s'asseyoit auprès de son pere, & pour le rechauffer, il en tenoit la tête serrée contre sa poitrine pendant des demi-heures entieres ; il lui prenoit les mains & les pieds, roidis par la force dont ils avoient été liez, & tâchoit de les amolir en les frotant. Voyant quel étoit son dessein, je lui donnai de mon *Rum*, pour rendre ce frottement plus utile, ce qui fit beaucoup de bien au pauvre Vieillard.

Cet accident nous fit oublier de poursuivre le Canot des Sauvages, qui étoient déja hors de nôtre vûë ; ce fut un bonheur pour nous, car deux heures aprés, lorsqu'ils ne pouvoient pas encore avoir fait le quart du chemin, il s'éleva un vent terrible, qui continua pendant toute la nuit ; & comme il venoit du Nord-Oüest, & qu'il leur étoit contraire, il ne me parût gueres possible alors, qu'ils pussent gagner leurs Côtes.

Pour revenir à *Vendredi*, il étoit tellement occupé autour de son pere, que pendant assez long-tems je n'eus pas le cœur de le tirer de là, mais quand je crus qu'il avoit suffisamment satisfait ses transports, je l'appellai, il vint en sautant, en riant & en marquant la joye la plus vive. Je lui demandai s'il avoit donné du pain à son pere : *Non*, dit-il, *moi vilain chien manger tout moi-même*. Là-dessus je lui donnai un de mes gâteaux d'orge, que j'avois dans ma poche, & j'y ajoûtai un coup de *Rum* pour lui-même. Il n'y goûta pas seulement, mais alla porter le tout à son pere, avec une poignée de raisins secs, que je lui avois donné encore pour ce bon homme.

Un moment aprés je le vis sortir de la barque & se mettre à courir vers mon habitation avec une telle rapidité, que je le perdis de vûë dans un instant, car c'étoit le garçon le plus agile & le plus leger que j'aye vû de mes jours. J'avois beau crier, il n'entendoit rien, mais environ un quart d'heure aprés je le vis revenir avec moins de vitesse, parce qu'il portoit quelque chose.

C'étoit un pot rempli d'eau fraiche & quelques morceaux de pain, qu'il me donnoit : pour l'eau il l'a porta à son pere aprés que j'en eus bû un petit coup pour me desalterer. Elle ranima entierement le pauvre Vieillard, & lui fit plus de bien, que toute la liqueur forte qu'il avoit prise ; car il mouroit de soif.

Quand

Quand il eut bû, & que je vis qu'il y avoit encore de l'eau de reste, j'ordonnai à *Vendredi* de la porter à l'Espagnol avec un des gâteaux qu'il m'avoit été chercher. Celui-ci étoit aussi extrêmement foible, & s'étoit couché sur l'herbe à l'ombre d'un arbre; il se releva pourtant pour manger, & pour boire, & je m'en aprochai moi-même pour lui donner une poignée de raisins. Il me regarda d'un air tendre & plein de la plus vive reconnoissance; mais il avoit si peu de forces, quoiqu'il eût marqué tant de vigueur dans le combat, qu'il ne pouvoit pas se tenir sur ses jambes; il l'essaya deux ou trois fois, mais en vain; ses pieds enflez prodigieusement à force d'avoir été garottez, lui causoient trop de douleur. Pour le soulager j'ordonnai à *Vendredi* de les lui frotter avec du *Rum*, comme il avoit fait à l'égard de son pere.

Quoique mon pauvre Sauvage s'acquitât de ce devoir avec affection, il ne pouvoit pas s'empêcher de moment à autre, de tourner ses yeux vers son pere, pour voir s'il étoit toûjours dans le même endroit, & dans la même posture; une fois entr'autres ne le voyant pas, il se leva avec précipitation & courut de ce côté-là avec tant de vitesse qu'il étoit difficile de voir si ses pieds touchoient à terre; mais en entrant dans le Canot, il vit qu'il n'y avoit rien à craindre, & que son pere s'étoit couché seulement

ment pour se réposer. Dès que je le vis de retour, je priai l'Espagnol de souffrir que *Vendredy* l'aidât à se lever, & le conduisit vers la barque, pour le mener de-là vers mon habitation, où j'aurois de lui tout le soin possible. Mon Sauvage n'attendit pas que l'Espagnol fit le moindre effort ; comme il étoit aussi robuste qu'agile, il le chargea sur ses épaules, le porta jusqu'à la barque, & le fit asseoir sur un des côtez du Canot ; ensuite il le plaça tout auprés de son pere ; puis sortant de la barque, il la lança dans l'eau, & quoiqu'il fît un grand vent, il la fit suivre le rivage, plus vîte que je n'étois capable de marcher. Aprés l'avoir fait entrer dans la Baye, il se met de nouveau à courir, pour chercher l'autre Canot des Sauvages qui nous étoit resté, & il y arriva avec cette barque aussi vîte que j'y étois venu par terre. Il me fit passer la Baye, & ensuite il alla aider à nos nouveaux compagnons à sortir du Canot où ils étoient : mais ils n'étoient ni l'un ni l'autre en état de marcher, de maniere que *Vendredi* ne sçavoit comment faire.

Aprés avoir médité sur les moyens de remedier à cet inconvenient, je priai mon Sauvage de s'asseoir & de se reposer, & pour moi je me mis à travailler cependant à une espece de *Civiere* ; nous les y posâmes tous deux, & les portâmes jusqu'à nôtre retranchement exterieur, mais nous voilà dans un plus grand embarras qu'auparavant. Je n'avois

vois nulle envie d'abattre ce rempart, & je ne voyois pas comment on pourroit les faire passer par dessus. Le seul parti qu'il y avoit à prendre, c'étoit de travailler de nouveau, & avec l'aide de *Vendredi* je dressai en moins de deux heures une jolie petite Tente couverte de ramée, & de vieilles voiles, entre mon retranchement extérieur & le bocage, que j'avois eu soin de planter à quelques pas de-là. Dans cette hutte, je leur fis deux lits de quelques bottes de paille, sur chacun desquels je mis une couverture, pour coucher dessous, & une autre couverture, pour les tenir chauds.

Voilà mon Isle peuplée, je me croyois alors riche en Sujets, & c'étoit une idée fort avantageuse pour moi, de me considérer comme un petit Monarque ; toute cette Isle étoit mon Domaine, par des Titres incontestables. Mes Sujets m'étoient parfaitement soumis ; j'étois leur Legislateur & leur Seigneur despotique : ils m'étoient tous redevables de la vie, & tous ils étoient prêts de la risquer pour mon service, dès que l'occasion s'en presenteroit. Ce qu'il y avoit de plus remarquable, c'est qu'il y avoit dans mes Etats trois Religions differentes : *Vendredi* étoit Protestant, son Pere étoit Payen & un Cannibale, l'Espagnol étoit Catholique Romain, & moi comme un Prince sage & équitable, j'établissois la Liberté de conscience dans tout mon Royaume.

Dès

Dès que j'eûs logé mes deux nouveaux Compagnons, je songeai à rétablir leurs forces par un bon repas: je commandai à *Vendredy* d'aller prendre parmi mon Troupeau apprivoisé un Chevreau d'un an; je le tuai, & en ayant coupé un quartier de derriére, je le mis en petites piéces, je le fis boüillir & étuver, & je vous assure que je leur accommodai un fort bon plat de viande, & de boüillon, où j'avois mis de l'orge & du ris. Je portai le tout dans la nouvelle Tente, & ayant servi, je me mis à table avec mes nouveaux hôtes, que je régalai, & encourageai de mon mieux, me servant de *Vendredy* comme de mon Interprête, non seulement auprès de son Pere, mais encore auprés de l'Espagnol, qui parloit fort joliment la Langue des Sauvages.

Après avoir dîné, ou pour mieux dire soupé, j'ordonnai à mon Esclave, de prendre un des Canots, & d'aller chercher nos armes à feu que nous avions laissé sur le champ de bataille; & le jour d'aprés je lui dis d'enterrer les morts, qui étant exposez au Soleil nous auroient bien-tôt incommodez par leur mauvaise odeur, & d'ensevelir en même tems les restes affreux du festin, qui étoient répandus sur le rivage en quantité. J'étois si fort éloigné de le faire moi-même que je ne pouvois pas y penser sans horreur, & que j'en détournois les yeux quand j'étois obligé de passer par cet endroit. Pour mon Sauvage

vage il s'en acquita si bien, qu'il ne resta pas seulement l'aparence ni du combat, ni du festin, & que je n'aurois pas pû reconnoître le lieu même, sans la pointe du Bois, qui s'avançoit de ce côté-là.

Je crus qu'il étoit tems alors d'entrer en conversation, avec mes nouveaux Sujets. Je commençai par le Pere de *Vendredy*, à qui je demandai ce qu'il pensoit des Sauvages qui nous étoient échapez, & si nous devions craindre qu'ils ne revinssent à cette Isle avec des forces capables de nous accabler. Son sentiment étoit, qu'ils n'y avoit aucune aparence qu'ils eussent pû resister à la tempête, qu'ils devoient être tous périls, à moins d'avoir été portez du côté du Sud sur certaines Côtes où ils seroient dévorez indubitablement. A l'égard de ce qu'il pouroit arriver en cas qu'ils eussent été assez heureux pour regagner leur rivage, il me dit, qu'il les croyoit si fort effrayez par la maniere, dont ils avoient été attaquez, si étourdis par le bruit & le feu de nos armes, qu'ils ne manqueroient pas de raconter à leur Peuple, que leur compagnons avoient été tuez par la Foudre & par le Tonnere, & que les deux ennemis qui leur avoient aparu, étoient sans doute des Esprits descendus du Ciel pour les détruire. Il étoit confirmé dans cette opinion, parce qu'il avoit entendu dire aux fuyards, qu'ils ne pouvoient pas comprendre que des hommes pussent *souffler Foudre,*
*parler*

parler *Tonnerre*, & tuer à une distance, sans lever seulement la main.

Ce vieux Sauvage avoit raison, car j'ai apris ensuite que ceux qui s'étoient sauvez dans le Canot, étoient revenus chez eux, & avoient donné une telle épouvante à leurs Compatriotes, qu'ils s'étoient mis dans l'esprit, que quiconque oseroit aprocher de cette *Isle enchantée*, seroit détruit par le feu du Ciel; on peut juger s'ils furent assez hardis pour s'y exposer. Mais comme alors ces circonstances m'étoient inconnuës, je fus pendant quelque tems dans des aprehensions continuelles, qui m'obligerent à être sur mes gardes, & à tenir toutes mes troupes sous les armes. Nous étions quatre alors, & je n'aurois pas craint d'affronter une centaine de nos ennemis en raze campagne.

Cependant ne voyant pas arriver un seul Canot sur mon rivage pendant assez de tems, mes frayeurs s'apaiserent, & je commençai à déliberer sur mon voyage vers le Continent, où le pere de *Vendredy* m'assûroit que je serois bien reçû par les Sauvages, pour l'amour de lui.

L'éxécution de mon dessein fut un peu suspenduë par un entretien fort sérieux que j'eus avec l'Espagnol. Il m'aprit, qu'il avoit laissé au Continent seize autres Chrétiens, tant Espagnols, que Portugais; qui ayant fait naufrage, & s'étant sauvez sur ces Côtes, y vivoient à la verité en paix avec les Sauvages, mais avoient à peine assez de vivres,

vivres, pour ne pas mourir de faim. Je lui demandai toutes les particularitez de leur voyage, & je découvris qu'ils avoient monté un Vaisseau Espagnol, venant de *Rio de la Plata*, pour porter à la *Havana* des peaux & de l'argent, & pour s'y charger de toutes les Marchandises Européennes, qu'ils y pourroient trouver ; qu'ils avoient sauvé d'un autre Vaisseau cinq Matelots Portugais ; qu'en récompense ils en avoient perdu cinq des leurs, & que les autres à travers une infinité de dangers, étoient arrivez à demi-morts de faim, sur le rivage des Cannibales, saisis de crainte d'être dévorez aussi-tôt qu'on les auroit aperçûs.

Il me conta encore, qu'ils avoient quelques armes avec eux, mais qu'elles leurs étoient absolument inutiles, faute de balles & de poudre, dont ils n'avoient sauvé qu'une quantité très-petite, qu'ils avoient consumée les premiers jours de leur débarquement, en allant à la chasse.

*Mais*, lui dis-je, *que deviendront-ils à la fin, n'ont-ils jamais formé le dessein de se tirer de là ?* Il me répondit, qu'ils y avoient pensé plus d'une fois, mais que n'ayant ni Vaisseau, ni instruments nécessaires pour en construire un, ni aucune provision, toutes leurs délibérations là-dessus avoient été terminées par des larmes, & par le desespoir.

Je lui demandai de quelle maniere il croïoit qu'ils pouvoient recevoir une proposition de
ma

ma part, tendante à leur délivrance, & s'il ne jugeroit pas, qu'elle feroit aifée à éxécuter, fi on pouvoit les faire venir tous dans mon Ifle. Mais, ajoûtai-je, je vous avoüe franchement, que je crains fort quelque coup de traître de leur façon. La Gratitude n'eft pas une Vertu fort familiere aux hommes, qui d'ordinaire conforment moins leur conduite aux fervices qu'ils ont reçus, qu'aux avantages qu'ils peuvent efpérer. Ce feroit pour moi une chofe bien trifte, continuai-je, fi pour prix d'avoir été l'inftrument de leur délivrance, ils m'amenoient comme leur prifonnier dans la Nouvelle Efpagne, où tout Anglois, par quelque accident qu'il y puiffe venir, ne doit s'attendre qu'à la plus cruelle deftinée. Je vous affure, que j'aimerois mieux être dévoré tout vivant par les Sauvages, que de tomber entre les mains impitoyable de l'Inquifition. Sans cette difficulté, ajoûtai-je, je croirois mon deffein fort aifé, s'ils fe trouvoient tous ici, on pourroit facilement conftruire un Batiment affez grand pour nous mener, ou du côté du Sud dans le Brezil, ou du côté du Nord dans les Ifles Efpagnoles.

Après avoir écouté mon difcours avec attention, il me répondit avec un air de candeur, que ces gens-là fentoient avec tant de vivacité tout ce qu'il y avoit de miférable dans leur fituation, qu'il étoit fûr qu'ils auroient horreur de la penfée feule de maltraiter un homme qui contribuëroit à les en délivrer.

livrer. *Si vous voulez*, poursuivit-il, *j'irai les voir avec le vieux Sauvage, je leur communiquerai vôtre intention, & je vous aporterai leur réponse; je n'entrerai point en Traité avec eux, sans qu'ils m'assurent de le garder, par les sermens les plus solemnels. Je veux stipuler qu'ils vous reconnoîtront pour leur Commandant, & je les ferai jurer par les Sacremens, & par l'Evangile, de vous suivre dans quelque Pays Chrétien, que vous trouverez à propos, & de vous obéyr éxactement, jusqu'à ce que nous y soyons arrivez: & je prétends vous apporter sur tout cela un Contrat formel, signé par toute la troupe.*

Pour me donner plus de confiance en lui, il me proposa de me prêter serment lui-même avant son départ, & il me jura qu'il ne me quitteroit jamais sans mes ordres, & qu'il me deffendroit jusqu'à la derniere goutte de son sang, si ses Compatriotes étoient assez lâches pour manquer à leurs promesses dans le moindre point. Au reste il m'assura que c'étoient tous de fort honnêtes gens, qu'ils étoient accablez de toute la misere imaginable, destituez d'armes, & d'habits; n'ayant d'autres vivres, que ceux que leur fournissoit la pitié des Sauvages; qu'ils étoient privez de tout espoir de revenir jamais dans leur Patrie, & que si je voulois bien songer à finir leurs malheurs, ils étoient gens à vivre & à mourir avec moi.

Sur ces assurances je résolus fermement
de

de travailler à leur bonheur, & d'envoyer pour traiter avec eux l'Espagnol avec le vieux Sauvage; mais quand tout étoit prêt pour leur départ, mon Espagnol lui même me fit une difficulté, où je trouvai tant de prudence & tant de sincérité que je fus trés-satisfait de lui, & que je suivis le conseil qu'il me donnoit, de différer cette affaire pour cinq ou six mois. Voici le fait.

Il y avoit déja un mois qu'il étoit avec nous, & je lui avois montré toutes les provisions assemblées par le secours de la Providence. Il comprenoit parfaitement bien, que ce que j'avois amassé de bled & de ris, quoique suffisant de reste pour moi-même, ne suffiroit pas pour ma nouvelle famille, à moins d'une économie trés-exacte; bien loin de pouvoir fournir aux besoins de ses camarades, qui étoient encore au nombre de seize. D'ailleurs il en falloit une bonne quantité pour avitailer le Vaisseau que je voulois faire, pour passer dans quelque Colonie Chrétienne, & son avis étoit de défricher d'autres champs, d'y semer tout le grain dont je pouvois me passer, & d'attendre une nouvelle moisson, avant que de faire venir ses Compatriotes. *La disette*, me dit-il, *pourroit les porter à la révolte, en leur faisant voir qu'il ne sont sortis d'un malheur, que pour tomber dans un autre. Vous sçavez*, poursuivit-il, *que les Enfans d'Israël, quoique ravis d'abord d'être délivrez de la Servitude d'Egypte, se rebellerent*
*contre*

contre Dieu leur Libérateur lui-même, quand ils manquèrent de pain dans le Désert.

Son conseil me parut si raisonnable, & j'y trouvai tant de preuves de sa fidélité, que j'en fus charmé, & que je me déterminai à le suivre. Nous nous mettons donc tous quatre à remuer la terre autant que nos instrumens de bois vouloient nous le permettre, & dans l'espace d'un mois, le temps d'ensemencer les terres étant venu, nous en avions défriché assez, pour y semer vingt & deux boisseaux d'Orge, & seize jarres de ris, qui étoit tout le grain que nous pouvions épargner. A peine nous en resta-t'il pour vivre pendant les six mois, qui devoient s'écouler avant la nouvelle recolte, car le grain est six mois en terre dans ce Pays-là.

Etant alors assez forts pour ne rien craindre des Sauvages, à moins qu'ils ne vinssent en très-grand nombre, nous nous promenions par toute l'Isle sans aucune inquiétude, & comme nous avions tous l'esprit plein de nôtre délivrance, il m'étoit impossible de ne pas songer aux moyens. Entr'autres choses je remarquai plusieurs arbres, qui me paroissoient propres pour mes vuës; j'employai *Vendredi* & son pere à les couper, & je leur donnai l'Espagnol pour Inspecteur. Je leur montrai avec quel travail infatigable j'avois fait des planches d'un arbre fort épais, & je leur ordonnai d'agir de même. Ils me firent une

*Tome II.* H dou-

douzaine de bonnes planches de chêne à peu près deux pieds de large, de trente-cinq de long, & épaisses depuis deux pouces jusqu'à quatre. On peut comprendre quelle peine il falloit pour en venir à bout.

Je songeois en même tems à augmenter mon troupeau, tantôt j'allois à la chasse moi-même avec *Vendredy*, tantôt je l'envoyois avec l'Espagnol; & de cette maniere nous attrapâmes vingt-deux chevreaux, que nous joignîmes à nôtre troupeau aprivoisé; car quand il nous arrivoit de tuer une chevre, nous ne manquions jamais d'en conserver les petits. Outre cela, la saison étant venuë de cüeillir le raisin, je fis secher une si grande quantité de grappes, qu'il y en avoit de quoi remplir plus de soixante barils. Ce fruit faisoit avec nôtre pain une grande partie de nos alimens, & je puis vous assurer, que c'est quelque chose d'extraordinairement nourrissant.

C'étoit alors le tems de la Moisson, & nôtre Grain étoit en fort bon état, quoique j'aye vû des années plus fertiles dans l'Isle. La Récolte fut pourtant assez bonne, pour répondre à nos fins; de vingt-deux boisseaux d'Orge que nous avions semez, il nous en vint 220. & nôtre Ris s'étoit multiplié à proportion, ce qui étoit une provision suffisante pour nous, & pour les hôtes que nous attendions, jusqu'à nôtre moisson prochaine: ou bien, s'il s'agissoit de faire le voyage projet-

projetté, il y en avoit assez pour avitailler nôtre Vaisseau abondamment, de quelque côté de l'Amérique que nous voulussions diriger nôtre cours.

Aprés avoir recüeilli ainsi nos grains nous nous mîmes à travailler en ozier & à faire 4. grands Panniers pour l'y conserver. L'Espagnol étoit extrémement habile à ces sortes d'ouvrages, & il me blamoit souvent de n'avoir pas employé cet Art à faire mes enclos, & mes retranchements. Mais par bonheur la chose n'étoit plus nécessaire alors.

Tous ces préparatifs étant faits, je permis à mon Espagnol de passer en Terre ferme, pour voir s'il y avoit quelque chose à faire avec ses Compatriotes: & je lui donnai un ordre par écrit de ne pas emmener un seul homme avec lui sans lui avoir fait jurer devant lui, & devant le vieux Sauvage, que bien loin d'attaquer le Maître de l'Isle, & de faire le moindre chagrin à un homme qui avoit la bonté de travailler à sa délivrance, il ne négligeroit rien pour le défendre contre toutes sortes d'attentats, & qu'il se soumettoit entiérement à ses Commandements, de quelque côté qu'il trouvât bon de le mener. J'ordonnai encor à l'Espagnol de m'en raporter un Traité formel par écrit, signé de toute la troupe, sans songer que selon toutes les aparences, elle n'avoit ni papier ni encre.

Avec ces instructions il partit avec le vieux Sauvage dans le même Canot, qui avoit servi à les conduire dans l'Isle, pour y être dévoré par les Cannibales leurs ennemis. Je leur donnai à chacun un Mousquet à Roüet, & environ huit charges de poudre & de balles, en leur enjoignant d'en être bons ménagers, & de ne les employer que dans les occasions préssantes.

Voilà les premieres mesures que je pris pour ma délivrance, depuis vingt & sept ans & quelques jours que j'avois été dans l'Isle. Aussi ne négligeai-je aucunes précautions nécessaires pour les rendre justes ; je donnai à mes Voyageurs une provision de pain & de grappes séches pour plusieurs jours, & une autre provision pour huit jours destinée aux Espagnols ; je convins encore avec eux d'un signal qu'ils mettroient à leur Canot à leur retour, pour pouvoir les reconnoître par là, avant qu'ils abordassent, & là-dessus je leur souhaitai un heureux voyage.

Ils mirent en mer avec un vent frais pendant la pleine Lune. C'étoit au mois d'Octobre selon mon calcul ; car pour un compte exact des jours, je ne pus jamais m'assurer de l'avoir juste, depuis que je l'eus une fois perdu ; je n'étois pas tout-à-fait sûr, même d'avoir compté exactement les années, quoique dans la suite je vis que mon calcul s'accordoit parfaitement avec la verité.

J'avois déja attendu pendant huit jours le retour de mes Députez, quand il m'arriva à l'improviste une Avanture, qui n'a peut-être

être pas fa femblable dans aucune Hiftoire. C'étoit le matin, & j'étois encore profondement endormi, lorfque *Vendredi* aprocha de mon lit avec précipitation, en criant, *Maître, Maître ils font venus, ils font venus.*

Je me leve, & m'étant habillé, je me mets à traverfer mon bocage, qui étoit déja devenu alors un bois épais, fongeant fi peu au moindre danger, que j'étois fans armes contre ma coutume; mais je fus bien furpris en tournant mes yeux vers la mer, de voir à une lieuë & demie de diftance une chaloupe avec une voile, que nous apellons *épaule de Mouton*, faifant cours du côté de mon rivage, & pouffée par un vent favorable. Je vis d'abord qu'elle ne venoit pas du côté directement opofé à mon rivage, mais du côté du Sud de l'Ifle. Là-deffus je dis à *Vendredi* de ne fe pas donner le moindre mouvement, puifque ce n'étoit pas là les gens que nous attendions, & que nous ne pouvions pas fçavoir encore, s'ils étoient amis, ou ennemis.

Pour en être mieux éclairci, je fus chercher ma lunette d'aproche & par le moyen de mon échelle, je montai au haut du rocher, comme j'avois accoutumé de faire, quand j'aprehendois quelque chofe, & que je voulois le découvrir, fans être découvert moi-même.

A peine avois je mis le pied fur le haut de la colline, que je vis clairement un Vaiffeau à l'ancre, à peu prés deux lieuës & demie au Sud Oüeft de moi, & je crus obferver par

la

la structure du bâtiment que le Vaisseau étoit Anglois aussi-bien que la Chaloupe.

Je ne saurois exprimer les impressions confuses que cette vûë fit sur mon imagination. Quoique ma joye de voir un Navire, dont l'équipage devoit être sans doute de ma Nation, fût extrême, je ne laissois pas de sentir quelques mouvemens secrets, dont j'ignorois la cause, qui m'inspiroient de la circonspection. Je ne pouvois pas concevoir quelles affaires un Vaisseau Anglois pourroit avoir dans cette partie du Monde, puisque ce n'étoit pas la route vers aucun des Pays où ils ont établi leur commerce, de plus je sçavois qu'il n'y avoit eu aucune tempête capable de les porter de ce côté-là malgré eux; par conséquent j'avois lieu de croire qu'ils n'avoient pas de bons desseins, & qu'il valoit mieux pour moi demeurer dans ma solitude, que de tomber entre les mains des voleurs & des meurtriers.

Je l'ai déja dit, qu'aucun homme ne méprise ces avertissemens secrets, qui lui seront inspirez quelquefois, quoiqu'il n'en sente pas la vrai-semblance. Je crois que peu de gens capables de reflexion puissent nier, que ces sortes d'avertissemens ne nous soient donnez quelquefois; je crois encore qu'il est incontestable, que ce sont des marques de l'existence d'un monde invisible, & du commerce de certains esprits avec nous qui tend à nous détourner du danger. Il n'y a rien

de

de plus naturel à mon fens, que d'attribuer ces avertiffemens à quelque intelligence, qui nous eft favorable, foit fuprême, foit inférieure & fubordonnée à la Divinité.

Le cas dont je vais parler, prouve évidemment la verité de mon opinion, car fi je n'avois pas obéï à ces mouvemens fecrets, c'étoit fait de moi, & ma condition feroit devenuë infiniment plus malheureufe.

Je ne m'étois pas tenu long-tems dans cette pofture, fans que je viffe la chaloupe approcher du rivage, comme fi elle cherchoit une Baye, pour la commodité du débarquement, mais ne découvrant pas celle, dont j'ai parlé fouvent, ils pouffèrent leur chaloupe fur le fable, environ à un demi-quart de lieuë de moi j'en étois ravi, car fans cela ils auroient débarqué précifément devant ma porte, ils m'auroient chaffé fans doute de mon Château, & auroient pillé tout mon bien.

Lorfqu'ils furent fur le rivage, je vis clairement qu'ils étoient Anglois, horfmis un ou deux que je pris pour des Hollandois, mais qui pourtant ne l'étoient pas. Ils étoient onze en tout; mais il y en avoit trois fans armes, & garottez, comme je crus m'en appercevoir. Dès que cinq ou fix d'entr'eux eurent fauté fur le rivage, ils firent fortir les autres de la chaloupe, comme des prifonniers: je vis un des trois marquer par fes geftes une affliction, & defefpoir qui alloient

jufqu'à

jusqu'à l'extravagance ; les deux autres levoient quelquefois les mains vers le Ciel, & paroissoient être fort affligez, mais leur douleur me sembloit pourtant plus moderée.

Dans le tems que j'étois dans une grande incertitude, sans concevoir ce que signifioit un pareil spectacle, *Vendredi* s'écria dans son mauvais Anglois : *O Maître, vous voyez hommes Anglois manger prisonniers aussi bien qu'hommes Sauvages ; voyez, eux les vouloir manger. Non, non,* dis-je, *Vendredi, je crains seulement qu'ils ne les massacrent, mais sois sûr qu'ils ne les mangeront pas.* Je tremblois cependant à l'horreur de cette vuë, & à chaque moment je m'attendois à les voir assassiner ; même je vis une fois un de ces scelerats lever déja un grand sabre pour fraper un de ces malheureux, & je crus que je l'allois voir tomber à terre, ce qui glaça tout mon sang dans mes veines.

Dans ces circonstances je regrettois extrêmement mon Espagnol & mon vieux Sauvage, & je souhaitois fort de pouvoir attraper ces indignes Anglois sans être découvert, à la portée du fusil, pour delivrer les prisonniers de leurs cruelles mains : car je ne leur vis point d'armes à feu, mais il plût à la Providence de me faire réüssir dans mon dessein d'une autre maniere.

Pendant que ces insolens Matelots rodoient par toute l'Isle, comme s'ils vouloient aller à la découverte du pays, j'observai que les

trois

trois prisonniers étoient en liberté d'aller où ils vouloient, mais il n'en eurent pas le cœur : Ils se mirent à terre d'un air pensif & desesperé.

Leur triste contenance me fit ressouvenir de celle, que j'avois autrefois en abordant le même rivage, me croyant perdu, tournant mes yeux de tous côtez, rempli de la crainte d'être la proye des bêtes sauvages, & réduit par mes frayeurs, à passer une nuit entiere dans un arbre.

Comme alors je ne m'étois attendu à rien moins, qu'à voir nôtre Vaisseau porté plus près du rivage par la tempête, & par la marée, & de trouver par là occasion d'en tirer les moyens de subsister, de même ces malheureux prisonniers n'avoient pas la moindre idée de la délivrance prochaine, que le Ciel préparoit pour eux, dans le tems qu'ils croyoient tout secours impossible.

Combien de fortes raisons n'avons-nous pas dans ce Monde, de nous reposer avec joye sur la bonté de nôtre Créateur, puisque nous sommes rarement dans d'assez malheureuses circonstances pour ne pas trouver quelque sujet de consolation, & puisque nous sommes fort souvent portez à nôtre délivrance par les mêmes moyens, qui sembloient nous conduire à nôtre ruine.

La marée étoit justement au plus haut, quand ces gens étoient venus à terre ; & en partie en parlant avec leurs prisonniers, en partie en rodant par tous les coins de l'Isle ils s'étoient amusez jusqu'à ce que la mer s'étant retirée par le reflux, avoit laissé leur chaloupe à sec.

Ils y avoient laissé deux hommes, qui à force de boire de l'eau de vie s'étoient endormis: cependant l'un s'éveillant plûtôt que l'autre, & trouvant la chaloupe trop enfoncée dans le sable, pour l'en tirer tout seul, il fit aprocher les autres par ses cris, mais ils n'eurent pas assez de force tous ensemble pour la tirer de là, parce qu'elle étoit extrêmement pésante, & que le rivage de côté-là étoit moux, comme un sable mouvant.

Voyant cette difficulté, comme veritables gens de mer, les plus negligens de tous les hommes peut-être, ils résolurent de n'y plus songer, & ils se mirent à parcourir l'Isle. J'en entendis un, qui appellant un de ses Camarades pour le faire venir à terre, *Hé Jean*, lui cria-t-il; *laisse-là en repos si tu peux, la marée prochaine la remettra bien à flot*. Ce discours me confirma encore dans l'opinion qu'ils étoient mes Compatriotes.

Pendant tout ce tems-là je me tins dans l'enceinte de mon Château, sans aller plus loin que mon *Observatoire*, & j'étois bien aise d'avoir eu la prudence de fortifier si bien mon habitation ; je savois que la chaloupe ne pouvoit pas être à flot avant dix heures du soir, qu'alors il seroit obscur, & que je pourois en sûreté observer leur discours.

En

En attendant je me préparois pour le combat, mais avec plus de précaution que jamais persuadé que j'aurois à faire avec d'autres ennemis que par le passé. J'ordonnai à *Vendredi* d'en faire de même, & je m'en promettois de grands secours, puisqu'il tiroit d'une justesse étonnante ; je lui donnai trois mousquets, & je pris moi-même deux fusils. Ma figure étoit effroyable, j'avois sur la tête mon terrible bonnet de peau de chevre, à mon côté pendoit mon grand sabre tout nud ; & j'avois deux pistolets à ma ceinture, & un fusil sur chaque épaule.

Mon dessein étoit de ne rien entreprendre avant la nuit, mais environ à deux heures après au plus chaud du jour, je trouvai que mes droles étoient allez tous dans les bois, aparemment pour s'y reposer, & quoique les prisonniers ne fussent pas en état de dormir je les vis pourtant, qui s'étoient couchez à l'ombre d'un grand arbre assez prés de moi, & hors de la vûë des autres.

Là-dessus je resolus de me découvrir à eux pour être instruit de leur situation ; & dans le moment je me mis en marche, *Vendredy* me suivant d'assez loin, armé aussi formidablement que moi, mais ne ressemblant pas pourtant à un Spectre.

Après que je m'en fus aproché sans être découvert, autant qu'il me fut possible, je leur dis d'un ton élevé en Espagnol, *qui êtes vous, Messieurs* ? Ils ne répondirent rien,

& je les vis sur le point de s'enfuir, quand je me mis à leur parler Anglois. » Messieurs, » leur dis-je, n'ayez pas peur peut-être avez » vous trouvé ici un Ami sans vous y atendre. » *Il nous devroit donc être envoyé du Ciel*, ré- » pondit un d'entr'eux, d'une maniere grave, » & le chapeau à la main, *car nos malheurs sont au dessus de tout secours humain*. Tout se- » cours est au Ciel, Monsieur, lui dis-je, mais » ne voudriez-vous pas enseigner à un Etran- » ger le moyen de vous secourir, car vous » paroissez accablez d'une grande affliction: » je vous ai vû débarquer, & quand vous vous » êtes entretenus avec les brutaux, qui vous » ont conduits ici, j'en ai vû un tirer le sabre » & faire mine de vouloir vous tuer.

Le pauvre homme tremblant, & les yeux pleins de larmes, me repartit d'un air étonné: *parlai-je à un homme, à un Dieu, ou à un Ange ?* » Tranquilisez-vous là-dessus, » Monsieur, lui dis-je, si Dieu avoit envoyé » un Ange à vôtre secours, il paroîtroit à » vos yeux sous de meilleurs habits & avec » d'autres armes. Je suis réellement un hom- » me, je suis même un Anglois, & tout dis- » posé à vous rendre service. Je n'ai avec moi » qu'un seul esclave ; nous avons des armes » & des munitions : dites librement, si nous » pouvons vous rendre service, & expliquez » moi la nature de vos malheurs.

*Hélas, Monsieur*, dit-il, *le recit en est trop long, pour vous être fait pendant que nos en-*
nemis

nemis sont si proches, il suffira de vous dire que j'ai été Commandant du Vaisseau que vous voyez, mes gens se sont revoltez contre moi, peu s'en faut qu'il ne m'ayent massacré; mais ce qui vaut presque tout autant, ils veulent m'abandonner dans ce Desert, avec ces deux hommes, dont l'un est mon Contre-maître, & l'autre est un Passager. Nous nous sommes attendus à perir ici dans peu de jours, croyant l'Isle inhabitée & nous ne sommes pas encore rassurez là-dessus.

Mais, lui dis-je, que sont devenus vos coquins de rebelles; *les voilà couchez*, répondit-il, en montrant au doigt une touffe d'arbres fort épaisse, *je tremble de peur qu'ils ne nous ayent entendu parler, si ce'a est, il est certain qu'ils nous massacreront tous.*

Je lui demandai là-dessus, si les mutins avoient des armes à feu, & j'apris qu'ils n'avoient avec eux que deux fusils & qu'ils en avoient laissé un dans la chaloupe. Laissez-moi faire donc, lui répondis-je, ils sont tous endormis; rien n'est plus aisé que de les tuer, à moins que vous n'aimiez mieux les faire prisonniers. Il me conta, alors, qu'il y avoit parmi eux deux coquins, dont il n'y avoit rien de bon à esperer, & que, si on mettoit ceux-là hors d'état de nuire, il croyoit que le reste retourneroit facilement à son devoir : il ajoûta qu'il ne pouvoit pas me les indiquer de si loin, & qu'il étoit tout prêt à suivre mes ordres en tout. » Eh bien, dis-je, commençons par nous tirer d'ici de

» peur qu'ils ne nous aperçoivent en s'éveillant, & suivez-moi vers un lieu, où nous pourons délibérer sur nos affaires à nôtre aise.

Aprés que nous nous fûmes mis à couvert dans le bois : écoutez donc, Monsieur, lui dis-je, je veux hazarder tout pour vôtre délivrance ; pourvû que vous m'accordiez deux conditions. Il m'interrompit, pour m'assurer que si je lui donnois sa liberté & son Vaisseau, il employeroit l'un & l'autre à me témoigner sa reconnoissance, & que si je ne pouvois lui rendre que la moitié de ce service, il étoit résolu de vivre & de mourir avec moi, dans quelque partie du Monde que je volusse le conduire. Ses deux Compagnons me donnèrent les mêmes assurances.

Ecoutez mes conditions, leur dis-je, il n'y en a que deux 1°. *Pendant que vous serez dans cette Isle avec moi vous renoncerez à toute sorte d'Autorité, & si je vous mets les armes à la main, vous me les rendrez, dès que je le trouverai bon : vous serez entièrement soumis à mes ordres, sans songer jamais à me causer le moindre préjudice.* 2°. *Si nous réüssissons à reprendre le Vaisseau, vous me menerez en Angleterre avec mon Esclave, sans rien demander pour le passage.*

Il me le promit avec les expressions les plus fortes, qu'un cœur reconnoissant pouvoit lui dicter.

Je leur donnai alors trois mousquets avec des balles & de la poudre, & je demandai au
Capi-

Capitaine de quelle maniere il jugeoit à propos de diriger nôtre entreprise. Il mé témoigna toute la gratitude imaginable, & me dit, qu'il se contenteroit de suivre exactement mes ordres, & qu'il me laissoit avec plaisir toute la conduite de l'affaire. Je lui répondis qu'elle me paroissoit assez épineuse; que cependant le meilleur parti étoit, selon moi, de faire feu sur eux tous en même tems pendant qu'ils étoient couchez, & que si quelqu'un échappant à nôtre premiere décharge, vouloit se rendre, nous pourrions lui sauver la vie.

Il me repliqua avec beaucoup de modération qu'il seroit fâché de les tuer, s'il y avoit moyen de faire autrement : *mais pour ces deux Scelerats incorrigibles, dont je vous ai parlé, continua-t'il, & qui ont été les Auteurs de la revolte, s'ils nous échapent nous sommes perdus, ils retourneront à bord du Vaisseau, & ils ameneront tout l'Equipage pour nous détruire à coup sûr.*

Cela étant, repartis-je; il faut s'en tenir à mon premier avis, une necessité absoluë rend l'action légitime. Cependant lui voyant toûjours de l'aversion pour le dessein de repandre tant de sang, je lui dis, à lui & à ses compagnons, de prendre les devants, & d'agir selon que les circonstances les dirigeroient.

Au milieu de cet Entretien, nous en vîmes deux se lever, & se tirer de-là ; je demandai au Capitaine si c'étoient les Chefs de la rebellion, desquels il m'avoit parlé. Il me dit que non ; eh bien donc lui dis-je, laissons les échaper, puisque la Providence semble les avoir éveillez exprés pour leur sauver la vie ; pour les autres s'ils ne sont pas à vous c'est vôtre faute.

Animé par ces paroles, il s'avance vers les mutins un mousquet sur le bras, & un de mes pistolets à la ceinture. Ses deux Compagnons le devançant de quelques pas, font d'abord un peu de bruit qui reveille un des Matelots. Celui-là se met à crier pour éveiller ses Camarades ? mais en même tems ils font feu tous deux, le Capitaine gardant son coup avec beaucoup de prudence, & visant avec toute la justesse possible, au Chef des mutins, ils en tuent un sur la place. L'autre quoique dangereusement blessé, se leve avec précipitation, se met à crier au secours : mais le Capitaine le joint, en lui disant, qu'il n'étoit plus tems de demander du secours, & qu'il n'avoit qu'à prier Dieu de lui pardonner sa trahison : il l'assomme aussi-tôt d'un coup de crosse.

Il en restoit encore trois, dont l'un étoit legerement blessé, mais me voyant arriver encore, & qu'il leur étoit impossible de resister, ils demanderent quartier. Le Capitaine y consentit à condition qu'il lui marqueroient l'horreur, qu'ils devoient avoir de leur crime, en l'aidant fidellement à recouvrer le Vaisseau, & à le ramener à la Jamaïque d'où il venoit

venoit. Ils lui donnerent toutes les assûrances de leur repentir, & de leur bonne volonté, qu'il pouvoit desirer, & il resolut de leur sauver la vie, ce que je ne desaprouvois pas ; je l'obligeai seulement à les garder pieds & poings liez, tant qu'ils seroient dans l'Isle.

Dans ces entrefaites j'envoyai *Vendredy* avec le Contre-maître vers la chaloupe, avec ordre de la mettre en sureté, & d'en ôter les rames & les voiles, ce qu'ils firent en même tems; trois Matelots, qui pour leur bonheur s'étoient écartez de la troupe, revinrent au bruit des mousquets, & voyant leur Capitaine de leur prisonnier devenu leur Vainqueur, ils se soumirent à lui, & consentirent à se laisser garoter comme les autres.

Voyant alors tous nos ennemis hors de combat, j'eus le tems de faire au Capitaine le recit de toutes mes Avantures : il l'écouta avec une attention, qui alloit jusqu'à l'extase, & sur tout la maniere miraculeuse dont j'avois été fourni de munitions, & de vivres. Comme toute mon Histoire est un tissu de prodiges elle fit de fortes impressions sur lui ; mais quand de là il commençoit à reflêchir sur son propre sort, & à considerer que la Providence ne paroissoit m'avoir conservé, que pour lui sauver la vie, il étoit si touché, qu'il répandoit un ruisseau de larmes, & qu'il étoit incapable de prononcer une seule parole.

Nôtre conversation étant finie, je le conduisis

duifis avec fes deux Compagnons dans mon Château, je lui donnai tous les rafraichiſſemens que j'étois en état de lui fournir, & je lui montrai toutes les inventions dont je m'étois aviſé pendant mon ſéjour dans l'Iſle.

Tout ce que je diſois au Capitaine, tout ce que je lui montrois, lui paroiſſoit également ſurprenant: il admiroit ſur tout ma Fortification, & la maniere dont j'avois caché ma retraite par le moyen du bocage que j'avois planté, il y avoit déja vingt ans. Comme les arbres croiſſent dans ce Pays bien plus vîte qu'en Angleterre, ce petit bois était devenu d'une épaiſſeur impénétrable de toutes parts, horſmis d'un côté, où je m'étois menagé un petit paſſage tortueux. Je lui dis, que ce qu'il voyoit étoit mon Château, le lieu de ma Réſidence; mais que j'avois encore à l'exemple d'autres Princes une Maiſon de Campagne; que je lui montrerois une autre fois, mais qu'à preſent il falloit ſonger aux moyens de nous rendre Maîtres du Vaiſſeau. Il en convint, mais il m'avoüa qu'il ne voyoit pas quelles meſures prendre. Il y a encore, dit-il, vingt-ſix hommes à bord, qui ſachant que par leur conſpiration ils ont merité de perdre la vie, s'y opiniâtreront par deſeſpoir. Car ils ſont tous perſuadez, ſans doute, qu'en cas qu'ils ſe rendent ils ſeront pendus, dès qu'ils ariveront en Angleterre, ou dans quelque Colonie

lonie de la Nation ; le moyen donc de songer à les attaquer avec un nombre si fort inferieur au leur.

Je ne trouvai ce raisonnement que trop juste, & je vis qu'il n'y avoit rien à faire, sinon de tendre quelque piége à l'Equipage, & de l'empêcher au moins de débarquer & de nous détruire. J'étois sûr qu'en peu de tems les gens du Vaisseau étonnez du retardement de leurs camarades, mettroient leur autre chaloupe en mer, pour aller voir ce qu'ils étoient devenus ; & je craignois fort qu'ils ne vinssent armez & en trop grand nombre, pour que nous pussions leur resister.

Là-dessus je dis au Capitaine, que la premiere chose que nous avions à faire, c'étoit de couler la chaloupe à fond, afin qu'ils ne pussent pas l'emmener : ce qu'il approuva. Nous mettons d'abord la main à l'œuvre, nous commençons à ôter de la chaloupe tout ce qu'il y avoit de reste ; c'est-à-dire une bouteille d'eau de vie, & une autre pleine de *Rum*; quelques biscuits ; un cornet rempli de poudre, & un pain de sucre d'environ six livres, enveloppé d'une piece de Cannevas. Toute cette trouvaille m'étoit fort agréable, & sur tout l'eau de vie & le sucre, dont j'avois presque eu le tems d'oublier le goût.

Aprés avoir porté tout cela à terre, nous fimes un grand trou au fond de la chaloupe, afin que s'ils débarquoient en assez grand nombre pour nous être superieurs, ils ne pussent

puſſent pas néanmoins faire uſage de cette barque & l'emmener.

A dire la verité, je ne penſois gueres ſerieuſement à recouvrer le Vaiſſeau; ma ſeule vûë étoit, en cas qu'ils fiſſent cours en nous laiſſant la chaloupe, de la reboucher, & de la mettre en état de nous mener vers mes amis les Eſpagnols, dont je n'avois pas perdu l'idée.

Non contens d'avoir fait dans la chaloupe un trou aſſez grand pour n'être pas fort aiſément bouché, nous mîmes toutes nos forces à la pouſſer aſſez haut ſur le rivage, pour que la marée même ne pût pas la mettre à flot. Mais au milieu de cette occupation penible, nous entendimes un coup de canon, & nous vimes en même tems ſur le Vaiſſeau le ſignal ordinaire pour faire venir la chaloupe à bord: mais ils avoient beau faire des ſignaux, & redoubler leurs coups de Canon, la chaloupe n'avoit garde d'obéir.

Dans le même inſtant nous les vîmes, par le moyen de nos Lunettes mettre leur autre chaloupe en mer, & aller vers le rivage à force de rames; & quand ils furent à la portée de nôtre vûë, nous aperçûmes diſtinctement qu'ils étoient au nombre de dix, & qu'ils avoient des armes à feu. Nous en pûmes diſtinguer juſqu'aux viſages pendant aſſez long-tems, parce qu'ayant été dérivez par la marée, ils étoient obligez de ſuivre le rivage pour débarquer dans le même endroit, où ils découvroient leur premiere Chaloupe.

De

De cette maniére le Capitaine pouvoit les examiner à loisir : il n'y manquoit pas, & il me dit qu'il voyoit parmi eux trois fort braves garçons, & qu'il étoit sûr que les autres les avoient entrainez par force dans la conspiration ; mais que pour le *Bosseman* qui commandoit la Chaloupe, & pour les autres c'étoient les plus grands scélérats de tout l'Equipage, qui n'auroient garde de se désister de leur entreprise, qu'il craignoit bien qu'il ne fussent trop forts pour nous.

Je lui répondis en souriant, que des gens dans nôtre situation devoient être au dessus de la peur ; que voyant toutes les conditions presque meilleures, que la nôtre, nous devions considerer la mort même comme une espéce de délivrance, & qu'une vie comme la mienne, qui avoit été sujette à tant de revers, méritoit bien que je hasardasse quelque chose pour la rendre plus heureuse. ". Qu'est devenu, continuai-je, vôtre per-
" suasion que la Providence ne m'avoit con-
" servé ici que pour vous sauver la vie ? ayez bon courage ; je ne vois pour nous dans toute cette affaire, qu'une seule circonstance embarassante : " *quelle donc*, me dit-il. C'est,
" répondis-je, qu'il y a parmi cette petite
" troupe, trois ou quatre honnêtes gens,
" qu'il faut songer à conserver. S'ils étoient
" tous les plus grands coquins de l'Equipa-
" ge, je croirois que la Providence les au-
" roit separez du reste, pour les livrer entre nos

» nos mains. Car, fiez-vous-en à moi, tout
» ce qui débarquera, sera à nôtre disposition,
» & nous serons les maîtres de leur vie & de
» leur mort.

Ces paroles prononcées d'une voix ferme & d'une contenance gaye, lui donnerent courage, & il se mit à m'aider vigoureusement à faire nos préparatifs. A la premiere aparence de la chaloupe qui venoit à nous, nous avions déja songé à separer nos prisonniers, & à les mettre en lieu sûr.

Il y en avoit deux, dont le Capitaine étoit moins assuré que les autres ; je les avois fait conduire par *Vendredi*, & par un des compagnons du Capitaine, dans ma Grotte, d'où ils n'avoient garde de se faire voir, ou de se faire entendre, ni de trouver le chemin au travers des bois, quand même ils seroient assez industrieux pour se débarasser de leurs liens. Je leur avois donné quelques provisions, en les assurant que s'ils se tenoient en repos, je les remettrois dans quelques jours en pleine liberté ; mais que s'ils faisoient la moindre tentative pour se sauver, il n'y auroit point de quartier pour eux. Ils me promirent de souffrir leur prison patiemment, & ils me marquerent une vive reconnoissance de la bonté que j'avois de leur donner des provisions & de la lumiere ; car *Vendredi* leur avoit donné quelques chandelles, ils s'imaginoient qu'il devoit rester en sentinelle devant la Grotte.

Nos

Nos autres prisonniers étoient plus heureux ; à la vérité nous en avions garrotté deux, qui étoient un peu suspects ; mais pour les trois autres, je les avois pris à mon service à la récommandation du Capitaine, & sur leur serment solemnel, de nous être fideles jusqu'à la mort. De cette maniere nous étions sept bien armez, & j'étois persuadé que nous étions en état de venir à bout de nos ennemis, sur tout à cause de trois ou quatre honnêtes-gens, que le Capitaine m'assuroit avoir découvert parmi eux.

Dès qu'ils furent parvenus à l'endroit où étoit leur premiere chaloupe, ils pousserent sur le sable celle où ils étoient, & la quittant tous en même tems, ils la tirerent après eux sur le rivage, ce qui me faisoit plaisir ; car je craignois qu'ils ne la laissassent à l'ancre à quelque distance avec quelques-uns d'entre eux pour la garder, & qu'ainsi il ne nous fut impossible de nous en saisir.

La premiere chose qu'ils firent, ce fut de courir vers leur autre chaloupe, & nous nous aperçûmes aisément de la surprise, avec laquelle ils la voyoient percée par le fond, & destituée de tous ses agrêts. Un moment après, ils pousserent tous en même tems deux ou trois grands cris, pour se faire entendre de leurs compagnons, mais voyant que c'étoit peine perduë, ils se mirent dans un cercle, & firent une décharge générale de leurs armes, dont le bruit fit retentir tout le Bois:

nous

nous étions bien sûrs pourtant que les prisonniers de la Grotte ne l'entendoient pas, & que ceux que nous gardions nous-mêmes, n'avoient pas le courage d'y repondre.

Ceux de la chaloupe n'entendant pas le moindre signe de vie de la part de leurs compagnons, étoient dans une telle surprise, comme nous aprîmes d'eux dans la suite, qu'ils prirent la résolution de retourner tous à bord du Vaisseau pour y aller raconter, que l'Esquif étoit coulé à fond, & que leurs camarades devoient être massacrez. Aussi les vîmes nous lancer leur Chaloupe en mer, & y entrer tous.

A peine avoient-ils quitté le rivage, que nous les vîmes revenir, après avoir délibéré aparemment sur quelques nouvelles mesures pour trouver leurs compagnons, & il en resta trois dans la chaloupe, & les autres entrerent dans le Pays, pour aller à la découverte.

Je consideroit le parti qu'ils venoient de prendre comme un grand inconvenient pour nous; en vain nous rendrions-nous maîtres de sept qui étoient à terre, si la chaloupe nous échapoit ; car en ce cas là ceux qui y étoient, auroient regagné certainement leur Navire, qui n'auroit pas manqué de faire voile, ce qui nous auroit ôté tout moyen possible de le recouvrer.

Cependant le mal étoit sans remede, d'autant plus, que nous vîmes la barque s'éloigner

gner du rivage & d'y jetter l'ancre à quelque diſtance de là. Tout ce qui nous reſtoit à faire, c'étoit d'attendre l'événement.

Les ſept qui étoient débarquez, ſe tenoient ſerrez enſemble en marchant du côté de la Colline, ſous laquelle étoit mon habitation & nous les pouvions voir clairement, ſans en être apperçûs. Nous ſouhaitions fort qu'ils aprochaſſent davantage, afin de faire feu ſur eux, ou bien qu'ils s'éloignaſſent, pour que nous puiſſions ſortir de nôtre retraite ſans être découverts.

Quand ils furent au haut de la colline, d'où ils pouvoient découvrir une grande partie des bois & de vallées de l'Iſle, ſur tout du côté du Nord-Eſt, où le territoire eſt le plus bas; ils ſe mirent de nouveau à crier, juſqu'à n'en pouvoir plus, & n'oſant pas, ce ſemble, ſe hazarder à pénétrer dans le pays plus avant, ils s'aſſirent pour conſulter enſemble. S'ils avoient trouvé bon de s'endormir, comme avoit fait le premier parti, que nous avions défait, ils nous auroient rendu un bon ſervice; mais ils étoient trop remplis de frayeurs, pour le riſquer, quoiqu'aſſurément ils n'euſſent aucune idée du danger, qu'ils craignoient.

Le Capitaine croyant deviner le ſujet de leur délibération, & s'imaginant qu'ils alloient faire une Seconde décharge pour ſe faire entendre de leurs camarades, me propoſa de tomber ſur eux tous à la fois, dés qu'ils qu'ils auroient tiré, & de les forcer par là à se rendre, sans que nous fussions obligez de répandre du sang. Je goûtai fort ce conseil, pourvû qu'il fut executé avec justesse, & que nous fussions assez prés d'eux, pour qu'ils n'eussent pas le tems de recharger leurs armes.

Mais ce dessein s'évanoüit, faute d'occasion, & nous fumes fort long-temps sans savoir quel parti prendre. Enfin je dis à mes gens qu'il n'y avoit rien à faire avant la nuit, & que si alors ils n'étoient pas rembarquez, nous pourrions trouver moyen de nous mettre entr'eux & le rivage, & nous servir de quelque stratagême pour entrer avec eux dans la Barque, & pour les forcer à regagner la terre.

Aprés avoir attendu long-tems le résultat de leur délibération, nous les vîmes à nôtre grand regret se lever & marcher vers la mer; ils avoient aparemment une idée si affreuse des dangers qui les attendoient dans cet endroit, qu'ils étoient résolus, comptant leurs Compagnons perdus sans ressource, de retourner à bord du Vaisseau, pour poursuivre leur voyage.

Le Capitaine voyant qu'ils s'en retournoient tout de bon, en étoit au desespoir; mais je m'avisai d'un stratagême pour les faire revenir sur leurs pas, dont le succez répondit exactement à mes vûës.

J'ordonnai au Contremaître, & à *Vendredy,*

*dy*, de passer la petite Baye du côté de l'Oüest vers l'endroit où j'avois sauvé le dernier de la fureur de ses ennemis ; qu'aussi-tôt qu'ils seroient parvenus à quelque colline, ils se missent à crier de toutes leurs forces ; qu'ils restassent là jusqu'à ce qu'ils fussent assurez d'avoir été entendus par les Matelots, & qu'ils poussassent un cri nouveau, dès que les autres leur auroient répondu ; qu'aprés cela se tenant toûjours hors de la vûë de ces gens, ils tournassent en cercle, en continuant de pousser des cris de chaque colline qu'ils rencontreroient, afin de les attirer par là bien avant dans ces Bois, & qu'ensuite ils revinssent à moi, par les chemins que je leur indiquois.

Ils mettoient justement le pied dans la Chaloupe, quand mes gens poussèrent leur premier cri. Ils l'entendirent d'abord, & courant vers le rivage du côté de l'Oüest, d'où ils avoient entendu la voix, ils furent arrêtez par la Baye, laquelle les eaux étant hautes, il leur fut impossible de passer : ce qui les porta à faire venir la chaloupe, comme j'avois bien prévu.

Quand elle les eût mis de l'autre côté, j'observai qu'on la faisoit monter plus haut dans la Baye, comme dans une bonne Rade, & qu'un des Matelots en sortoit, n'y laissant que deux autres, qui attacherent la Barque au tronc d'un Arbre.

C'étoit justement ce que je souhaitois, &
laissant

laissant *Vendredi* & le Contre-maître éxécuter tranquilement mes ordres, je pris les autres avec moi, & faisant un détour pour venir de l'autre côté de la Baye, nous surprimes ceux de la Chaloupe à l'improviste. L'un y étoit resté, l'autre étoit couché sur le sable à moitié endormi, & se reveilla en sursaut à nôtre approche. Le Capitaine, qui étoit plus avancé, sauta sur lui, lui cassa la tête d'un coup de crosse, & cria ensuite à celui qui étoit dans l'Esquif de se rendre, ou qu'il étoit mort.

Il ne falloit pas beaucoup de peine pour l'y resoudre: Il se voyoit arrêté par cinq hommes, son camarade étoit assommé, & d'ailleurs c'étoit un de ceux, dont le Capitaine m'avoit dit du bien, Aussi ne se rendit-il pas seulement, mais il s'engagea encore avec nous, & nous servit avec beaucoup de fidelité.

Dans ces entrefaites, *Vendredi* & le Contre-maitre ménagérent si bien leurs affaires, qu'en criant & en répondant aux cris des Matelots, ils les menerent de Colline en Colline, jusqu'à les avoir mis sur les dents. Ils ne les laisserent en repos qu'apres les avoir attirez assez avant dans les bois, pour ne pouvoir pas regagner leur chaloupe, avant qu'il ne fit tout-à-fait obscur.

Ils étoient bien fatiguez eux-mêmes en revenant à moi. Il est vrai qu'ils avoient du tems pour se reposer, puisque le plus sûr

pour

pour nous, étoit d'attaquer les ennemis pendant l'obscurité.

Ceux-là ne revinrent à leur Chaloupe, que quelques heures après le retour de *Vendredi*, & nous pouvions entendre distinctement les plus avancez crier aux autres de se presser à quoi les autres répondoient, qu'ils étoient à moitié morts de lassitude : Nouvelle fort agréable pour nous.

Il n'est pas possible d'exprimer quel fut leur étonnement, quand ils virent la marée écoulée, la chaloupe engagée dans le sable, & sans gardes. Nous les entendions crier les uns aux autres de la maniére la plus lamentable, qu'ils étoient dans une Isle enchantée ; que si elle étoit habitée par des hommes, ils seroient tous massacrez, & si c'étoit par des Esprits, qu'ils seroient enlevez & dévorez.

Il se mirent à crier de nouveau, & à apeller leurs deux camarades par leur nom, mais point de réponse. Nous les vîmes alors par le peu de jour qui restoit encore, courir çà & là, & se tordre les mains, comme des gens desesperez. Tantôt ils entroient dans la Chaloupe pour s'y reposer, tantôt ils en sortoient pour courir sur le rivage, & ils continuérent ce manége sans rélâche pendant assez de tems.

Mes gens avoient grande envie de donner dessus tous ensemble, mais mon dessein étoit de les prendre à mon avantage, afin d'en tuer le moins qu'il me seroit possible,

&

& de ne pas hazarder la vie d'un seul d'entre nous. Je résolus donc d'attendre dans l'espérance qu'ils se sépareroient ; & pour qu'ils ne m'échapassent pas, je fis aprocher davantage mon embuscade, & j'ordonnai à *Vendredy* & au Capitaine de se traîner à quatre pieds pour se placer aussi prés d'eux, qu'il seroit possible, sans se découvrir.

Ils n'avoient pas été long-tems dans cette posture, quand le *Bosseman*, le Chef principal de la mutinerie, & qui se montroit dans son malheur plus lâche & plus desesperé qu'aucun autre, tourna ses pas de ce côté-là avec deux autres. Le Capitaine étoit si passionné contre ce Scélérat, qu'il avoit de la peine à le laisser aprocher assez, pour en être sûr : il se retint pourtant. Mais aprés s'être donné encore un peu de patience, il se léve tout d'un coup avec *Vendredi* & fait feu dessus.

Le Bosseman fut tué sur la place, un autre fut blessé dans le ventre, mais il n'en mourut que deux heures aprés, & le troisiéme gagna au pied.

Au bruit de ces coups j'avançai brusquement avec toute mon armée, qui consistoit en huit hommes ; j'étois moi-même Généralissime, *Vendredi* étoit mon Lieutenant-Général, & nous avions pour Soldats le Capitaine avec ses deux Compagnons, & les trois prisonniers, à qui j'avois confié des armes.

La nuit étoit fort obscure, de maniere qu'il leur fut impossible de savoir nôtre nombre. C'est pourquoi j'ordonnai à celui que nous avions trouvé dans l'Esquif, & qui étoit alors un de mes Soldats, de les apeller par leur nom, pour voir s'ils vouloient capituler, ce qui me réüssit, comme il est assez aisé à croire.

Il se mit donc à crier tout haut, *hé Thomas Smith, Thomas Smith* : Celui-là répondit d'abord, *est-ce toi Robinson*, car il le reconnut à la voix : *oüi, oüi*, répartit l'autre, *au nom de Dieu, Thomas, mettez bas les armes, & rendez-vous, sans cela vous êtes morts, tous tant que vous êtes, dans le moment.*

*A qui faut-il nous rendre*, dit Smith, *où sont-ils ? Ils sont ici*, répondit Robinson, *c'est nôtre Capitaine avec cinquante hommes qui vous ont cherché déja pendant deux heures ; le Bosseman est tué. Guillaume Frie est blessé dangereusement, je suis prisonnier de guerre moi ; & si vous ne voulez pas vous rendre, vous êtes tous perdus.*

*Y aura-t'il quartier*, repliqua Smith, *si nous mettons les Armes bas ? Je m'en vais le demander au Capitaine*, dit Robinson. Le Capitaine se mit alors à parler lui-même à Smith. *Vous connoissez ma voix, Smith*, lui cria-t'il, *si vous jettez vos armes, vous aurez tous la vie sauve, excepté Guillaume Atkins. Au nom de Dieu, Capitaine*, s'écria,

cria là-dessus Atkins, *donnez-moi quartier, qu'est-ce que j'ai fait plus que les autres, ils sont tous aussi coupables que moi.* Il ne disoit pas la verité, car cet *Atkins* avoit été le premier à maltraiter le Capitaine. Il lui avoit lié les mains, en lui disant les injures les plus outrageantes.

Aussi le Capitaine lui dit qu'il ne lui promettoit rien, qu'il devoit se rendre à discretion, & avoir recours à la bonté du Gouverneur. C'étoit moi qu'il designoit par ce beau titre.

En un mot, ils mirent tous les armes bas, en demandant la vie, & j'envoyai *Vendredi* & deux autres pour les lier tous, ensuite ma grande Armée prétenduë de cinquante hommes, qui réellement n'étoit que de huit, avec le détachement, s'avança, & se saisit d'eux, & de leur Chaloupe. Pour moi, je me tins à l'écart avec un seul de mes gens, pour des raisons d'Etat.

Le Capitaine eût le loisir alors de parler à tous les Prisonniers. Il leur reprocha aigrement leur trahison, & les autres mauvaises actions dont elle auroit été sans doute suivie & qui sans doute les auroient entraînez dans les derniers malheurs, & peut-être conduits à la potence.

Ils parurent tous fort repentans, & demanderent la vie d'un air trés-soumis. Il leur répondit qu'ils n'étoient pas ses Prisonniers, mais du Gouverneur de l'Isle. Vous
avez

avez crû, continua-t'il me reléguer dans une Isle deserte ; mais il a plû à Dieu de vous diriger d'une telle maniere, que cet endroit se trouve habité, & même gouverné par un Anglois. Ce Gouverneur est le maître de vous pendre tous, mais vous ayant donné quartier, il pourroit bien vous envoyer en Angleterre, pour être livrez entre les mains de la Justice : excepté pourtant *Atkins*, à qui j'ai ordonné de dire de sa part, de se préparer à la mort, car il doit être pendu demain au matin.

Cette fiction produisit tout l'effet imaginable : Atkins se jetta à genoux pour prier le Capitaine d'interceder pour lui auprés du Gouverneur, & les autres le conjurerent au nom de Dieu, de faire ensorte, qu'ils ne fussent pas envoyez en Angleterre.

Comme je m'étois mis dans l'esprit, que le tems de ma délivrance alloit venir, je me persuadai que tous ces Matelots pourroient être portez aisément à s'employer de tout leur cœur à recouvrer le Vaisseau. Pour les duper davantage, je m'éloignai d'eux, afin de ne leur pas faire voir quel personnage ils avoient pour Gouverneur. J'ordonnai alors qu'on fit venir le Capitaine, & là-dessus un de mes gens, qui étoit à quelque distance de moi, se mit à crier, *Capitaine, le Gouverneur veut vous parler. Dites à son Excellence*, répondit le Capitaine d'abord, *que je m'en vais venir dans le moment*. Ils donnérent dans ce

*Tome II.* R pan-

panneau à merveille, & ne douterent pas un moment que le Gouverneur ne fût prés de-là avec ses cinquante Soldats.

Quand le Capitaine fut venu, je lui communiquai le dessein que j'avois formé pour s'emparer du Vaisseau. Il l'aprouva fort, & résolut de le mettre en exécution dés le lendemain. Pour nous y prendre d'une maniére plus sûre, je crûs qu'il falloit séparer nos prisonniers, & j'ordonnai au Capitaine, & à ses deux Compagnons de prendre Atkins avec deux autres des plus criminels de la troupe, pour les mener dans la Grotte, où il y en avoit déja deux autres, & qui certainement n'étoit pas un lieu fort agréable, sur tout pour des gens effrayez.

J'envoyai les autres à ma maison de Campagne, qui étoit entourée d'un enclos, & comme ils étoient garrotez, & que leur sort dépendoit de leur conduite, je pouvois être sûr qu'ils ne m'échaperoient pas.

C'est à ceux-là, que j'envoyai le lendemain le Capitaine, pour tâcher d'aprofondir leurs sentimens, & pour voir s'il étoit de la prudence de les employer dans l'execution de nôtre projet. Il leur parla, & de leur mauvaise conduite, & du triste sort où elles les avoit réduits, & il leur répéta, que quoique le Gouverneur leur eût donné quartier, qu'ils ne laisseroient pas d'être certainement pendus, si on les envoyoit en Angleterre. *Cependant*, ajoûta-il, *si vous voulez*

*lez me promettre, de m'aider fidellement dans une entreprise aussi juste, que celle de m'emparer de mon Vaisseau, le Gouverneur s'engagera formellement à obtenir vôtre pardon.*

On peut juger quel effet une pareille proposition devoit produire sur ces malheureux. Ils se mirent à genoux devant le Capitaine, & lui promirent avec les plus horribles imprécations, qu'ils lui seroient fidelles jusqu'à la derniere goute de leur sang, qu'ils le suivroient par tout où il voudroit les mener, & qu'ils le considéreroient toûjours comme leur Pere, puisqu'ils lui seroient redevables de la vie.

*Eh bien,* dit le Capitaine, *je m'en vai communiquer vos promesses au Gouverneur, & je ferai tous mes efforts pour vous le rendre favorable.* Là-dessus il me vint raporter leur réponse, & il me dit qu'il ne doutoit pas de leur sincerité.

Cependant, afin de ne rien négliger pour nôtre sûreté, je le priai d'y retourner & de leur dire qu'il consentoit à en choisir cinq d'entr'eux, pour les employer dans son entreprise : mais que le Gouverneur garderoit comme Otages les deux autres, avec les trois prisonniers qu'il avoit dans son Château, & qu'il feroit pendre sur le bord de la mer ces cinq Otages, si les autres étoient assez perfides pour manquer à la foi de leurs sermens.

Il y avoit là dedans un air de sévérité, qui faisoit voir, que le Gouverneur ne badinoit pas. Les cinq, dont j'avois parlé, accepterent le parti avec joye, & c'étoit autant l'affaire des Otages que du Capitaine, de les exhorter à faire leur devoir.

L'état des forces que nous avions alors, étoit tel : 1º. Le Capitaine, son Contre-maître & son Passager. 2º. Deux Prisonniers faits dans la premiere rencontre, ausquels à la recommandation du Capitaine, j'avois donné la liberté & mis les armes à la main. 3º. Les deux que j'avois tenus jusqu'alors garottez dans ma maison de Campagne, mais que je venois de relâcher à la priere du Capitaine. 4º. Les cinq que j'avois mis en liberté les derniers. Selon ce calcul ils étoient douze en tout, outre les cinq Otages.

C'étoit-là tout ce que le Capitaine pouvoit employer pour se rendre maître du Vaisseau, car pour *Vendredi* & moi nous ne pouvions pas abandonner l'Isle où nous avions sept prisonniers, que nous devions tenir séparez, & pourvoir de vivres.

Pour les cinq Otages, qui étoient dans la Grotte, je trouvai bon de les tenir garrotez, mais *Vendredy* avoit ordre de leur aporter à manger deux fois par jour. Quant aux deux autres, je m'en servis pour porter les provisions à une certaine distance, où *Vendredy* devoit les recevoir d'eux.

La premiere fois que je m'étois montré à ces derniers, c'étoit en compagnie du Capitaine, qui leur dit que j'étois l'homme que

que le Gouverneur avoit deſtiné pour avoir l'œil ſur leur conduite, avec ordre à eux de n'aller nulle part ſans ma permiſſion, ſous peine d'être menez dans le Château, & mis aux fers.

Comme ils ne me connoiſſoient point en qualité de Gouverneur, je pouvois joüer un autre perſonnage devant eux ; ce que je fis à merveille, en parlant toûjours avec beaucoup d'oſtentation du Château, du Gouverneur & de la Garniſon.

La ſeule choſe, qui reſtoit encore à faire au Capitaine, pour ſe mettre en état d'executer ſon deſſein, c'étoit *d'agréer* les deux chaloupes, & de les *équiper*. Dans l'une il mit ſon paſſager pour Capitaine, avec quatre autres hommes. Il monta lui-même dans l'autre avec ſon Contre-maître, & cinq autres. Et il ménagea ſon entrepriſe dans la perfection.

Il étoit environ minuit, quand il découvrit le Vaiſſeau, & dès qu'il le vit à la portée de la voix, il ordonna à Robinſon de crier, & de dire à l'Equipage, qu'ils amenoient la premiere chaloupe avec les Matelots, mais qu'ils avoient été long-tems avant que de les trouver. Robinſon amuſa les mutins de ces diſcours, & d'autres ſemblables, juſqu'à ce que l'Eſquif fut ſous le Navire. Le Capitaine & le Contre-maître y montérent les premiers avec leurs armes, ils aſſommérent d'abord à coups de croſſe, le second Contre-maître & le Charpentier; & fidellement secondez par les autres, ils se rendirent maîtres de tout ce qu'ils trouvérent sur les Ponts. Ils étoient déja occupez à fermer les Ecoutilles, afin d'empêcher ceux d'en bas de venir au secours de leurs camarades, lorsque les gens de la seconde chaloupe montérent du côté de la prouë, nétoyerent tout le Château d'avant & s'emparérent de l'Ecoutille, qui menoit à la chambre du Cuisinier, où ils firent prisonniers trois des Mutins.

Etant ainsi maître de tout le Tillac, le Capitaine commanda au Contre-maître de prendre trois hommes avec lui, & de forcer la Chambre où étoit le nouveau Commandant. Celui-là ayant pris l'allarme, s'étoit levé, & assisté de deux Matelots & d'un Mousse, s'étoit saisi d'armes à feu. Dès que le Contre-maître eût ouvert la porte par le moyen d'un levier, ces quatre mutins firent courageusement feu sur lui & ses Compagnons, sans en tuer un seul, mais ils en blessérent deux legerement, & cassérent le bras au Contre-maître lui-même, qui ne laissa pas, tout blessé qu'il étoit, de casser la tête au nouveau Capitaine d'un coup de pistolet. La balle lui entra dans la bouche, & sortit derriére l'oreille: & ses compagnons le voyant roide mort, prirent le parti de se rendre. Le combat finit par là, & le Capitaine recouvra son Vaisseau, sans être obligé de répandre plus de sang.

Il

Il m'instruisit d'abord du succez de son entreprise, en faisant tirer sept coups de Canon, ce qui étoit le signal dont nous étions convenus ensemble. On peut juger si j'étois charmé de les entendre, puisque je m'étois tenu sur le rivage, depuis le départ des chaloupes jusqu'à deux heures après minuit.

Dès que je fus sûr de cette heureuse nouvelle je me mis sur mon lit, & ayant extremement fatigué le jour précedent, je dormis profondément jusqu'à ce que je fus réveillé par un coup de Canon : à peine me fus-je levé pour en aprendre la cause, que je m'entendis apeller par mon nom de *Gouverneur*. Je reconnus d'abord la voix du Capitaine, & dés que je fus monté au haut du Rocher, où il m'attendoit, il me serra dans ses bras de la maniere la plus tendre, & tendant la main vers le Vaisseau, *mon cher ami*, me dit-il, *mon cher libérateur, voilà vôtre Vaisseau, il vous apartient, aussi-bien que nous, & tout ce que nous possedons.*

Là dessus je tournai mes yeux vers la mer, & je vis effectivement le Vaisseau qui étoit à l'Ancre, à un petit quart de lieuë du rivage; car le Capitaine avoit fait voile, dès qu'il eût executé son entreprise, & comme le tems étoit beau, il avoit fait avancer le Navire jusqu'à l'embouchure de ma petite Baye, & la marée étant haute alors, il étoit venu avec sa *Pinace*, pour ainsi dire, jusqu'à ma porte.

Je considerois alors ma délivrance comme sûre, les moyens en étoient aisez; un bon Vaisseau n'attendoit pour me conduire, où je trouvois bon. Mais j'étois si saisi de la joye que me donnoit un bonheur si inesperé, que je fus long-tems hors d'état de prononcer une parole, & que je serois tombé à terre, si les embrassemens du Capitaine ne m'avoient soûtenu.

Me voyant prêt à tomber en foiblesse, il me fit prendre un verre d'une liqueur cordiale, qu'il avoit exprés aporté pour moi. Aprés avoir bû, je me mis à terre, je revins à moi peu à peu: mais je fus encore assez long-tems, avant que de pouvoir lui parler.

Le pauvre homme n'étoit pas moins ravi de joye que moi, quoi qu'il n'en sentit pas les mêmes effets: il me dit pour me tranquiliser une infinité de choses tendres & obligeantes, qui firent enfin finir mon extase par un ruisseau de larmes, & peu aprés je repris l'usage de la parole.

Je l'embrassay alors à mon tour comme mon libérateur, en lui disant que je le regardois comme un homme envoyé du Ciel à mon secours, & que je trouvois dans tout le cours de nôtre avanture un enchainement de merveilles, qui me paroissoit une preuve évidente, que l'Univers est gouverné par une Providence, qui fait chercher dans les coins les plus reculez du Monde des ressources inesperées pour les malheureux
qu'il

qu'il veut honorer des marques de sa bonté infinie.

On peut bien croire que je n'oubliois pas aussi d'élever mon cœur reconnoissant vers le Ciel : j'aurois dû être la dureté même, si je n'avois pas beni le nom de Dieu, qui non-seulement avoit pourvû si long-tems à ma subsistance d'une maniere miraculeuse, mais qui vouloit bien me tirer de ce triste Desert d'une maniere plus miraculeuse encore.

Aprés ces protestations mutuelles, le Capitaine me dit, qu'il m'avoit aporté quelques rafraichissemens, selon qu'un Vaisseau en pouvoit fournir, & un Vaisseau encore, qui venoit d'être pillé par les mutins. Là-dessus il s'écria aux gens de la chaloupe de mettre à terre les presens destinez pour le Gouverneur : & en verité c'étoit un vrai present pour un Gouverneur, & pour un Gouverneur qui devoit rester dans l'Isle, & non pas qui fut prêt à s'embarquer, comme c'étoit ma résolution.

Ce present consistoit dans un petit Cabaret rempli de quelques bouteilles d'eau cordiale, en six bouteilles de vin de Madére, contenant chacune deux bonnes pintes, deux livres d'excellent tabac, deux grandes piéces de bœuf, six piéces de cochon, un sac de pois, & environ cent livres de biscuit. Il y avoit ajoûté une boëte pleine de sucre, & une autre remplie de fleur de Muscade, deux bouteilles de jus de limon, & un grand nombre

bre d'autres choses utiles & nécessaires. Mais ce qui me fit infiniment plus de plaisir, c'étoit six chemises toutes neuves, autant de cravates fort bonnes, deux paires de gands, une paire de souliers, une paire de bas, un chapeau, & un habit complet tiré de sa propre Garderobe, mais qu'il n'avoit guére porté. En un mot, il m'aporta tout ce qu'il me falloit pour m'équiper depuis les pieds jusqu'à la tête. On s'imaginera sans peine, quel air je devois avoir dans ces habits, & quelle incommodité ils me causoient la premiere fois que je les mis, aprés m'en être passé pendant un si grand nombre d'années.

Aprés avoir fait porter tous ces presens dans ma demeure, je me mis à déliberer avec le Capitaine sur ce que nous devions faire avec nos prisonniers, la chose en valoit la peine, sur tout à l'égard des deux Chefs des mutins, dont nous connoissions la méchanceté opiniâtre & incorrigible. Le Capitaine m'assuroit que les bienfaits étoient aussi peu capables de les réduire que les punitions, & que s'il s'en chargeoit, ce ne seroit que pour les conduire les fers aux pieds, en Angleterre, ou à la premiere Colonie Angloise, afin de les mettre entre les mains de la Justice.

Comme je voyois le Capitaine assez humain pour ne prendre ce parti qu'à regret, je lui dis que je savois un moyen de porter ces deux scélerats à lui demander
comme

comme une grace, la permission de demeurer dans l'Isle, & il y consentit de tout son cœur.

J'envoyai là-dessus *Vendredi* & deux des Otages ( que je venois de mettre en liberté, à cause que leurs compagnons avoient fait leur devoir ) je les envoyai, dis-je, à la Grotte, pour emmener les cinq Matelots garottez à ma maison de Campagne, & pour les y garder jusqu'à mon arrivée.

J'y vins quelque tems après, paré de mon habit neuf en compagnie du Capitaine, & c'est alors qu'on me traita de Gouverneur ouvertement. Je me fis d'abord amener les prisonniers, & je leur dis que j'étois parfaitement instruit de leur conspiration contre le Capitaine, & des mesures qu'ils avoient prises ensemble pour commettre des Pirateries avec le Vaisseau dont ils s'étoient emparez, mais que par bonheur ils étoient tombez eux-mêmes dans le puits qu'ils avoient creusé pour les autres, puisque le Vaisseau venoit d'être recouvré par ma direction, & qu'ils verroient dans le moment leur *nouveau Capitaine* pour prix de sa trahison, pendu à la grande Vergue : que quant à eux, je voudrois bien savoir quelles raisons ils avoient à m'alleguer assez fortes, pour m'empêcher de les punir, comme j'étois en droit de le faire, en qualité de Pirates, pris sur le fait.

Un d'eux me répondit, qu'ils n'avoient rien à dire en leur faveur, sinon que le Capitaine, en les prenant, leur avoit promis la vie,

vie, & qu'ils demandoient grace. Je leur répartis, que je ne savois pas trop bien quelle grace j'étois en état de leur faire, puisque j'allois quitter l'Isle, & m'embarquer pour l'Angleterre, & qu'à l'égard du Capitaine, il ne pouvoit les emmener que garottez, & dans le dessein de les livrer à la Justice comme mutins & comme Pirates, ce qui les conduiroit tout droit à la Potence ; qu'ainsi je ne trouvois pas de meilleur parti pour eux, que de rester dans l'Isle, que j'avois permission d'abandonner avec tous mes gens, & que j'étois assez porté à leur pardonner, s'ils vouloient se contenter du sort qu'ils pouvoient se ménager dans l'Isle.

Ils parurent recevoir ma proposition avec reconnoissance, en me disant, qu'ils préféroient infiniment ce sejour à la destinée, qui les attendoit en Angleterre : mais le Capitaine fit semblant de ne la point aprouver, & de n'oser pas y consentir. Sur quoi j'affectai de lui dire d'un air faché, qu'ils étoient mes prisonniers, & non pas les siens, & que leur ayant offert leur grace, je n'étois pas un homme à leur manquer de parole, & que s'il y trouvoit à redire, je les remettrois en liberté, comme je les avois trouvez ; permis à lui de courir après eux ; & de les attraper s'il pouvoit.

Je le fis comme je l'avois dit, & leur ayant fait ôter les liens, je leur dis de gagner les bois, & je leur promis de leur laisser et des armes à feu, des munitions & les directions nécessaires pour vivre à leur aise, s'ils vouloient les suivre. Ensuite je communiquai au Capitaine mon dessein de rester encore cette nuit dans l'Isle, pour préparer tout pour mon voyage, & je le priai de retourner cependant au Vaisseau, pour y tenir tout en ordre, & d'envoyer le lendemain sa chaloupe. Je l'avertis aussi de ne pas manquer de faire pendre à la Vergue le nouveau Capitaine, qui avoit été tué, afin que nos Prisonniers l'y pussent voir.

Dés que le Capitaine fut parti, je les fis venir à mon habitation, & j'entrai avec eux dans une conversation trés-serieuse, touchant leur scituation. Je les loüai du choix qu'ils avoient fait, puisque le Capitaine, s'il les avoit fait conduire à bord du Vaisseau, les auroit fait pendre certainement, aussi-bien que le nouveau Capitaine que je leur montrai attaché à la grande Vergue.

Quand je les vis déterminez à rester dans l'Isle, je leur donnai tout le détail de cet endroit, & de la maniere de faire du pain, d'ensemencer mes terres, & de sécher mes raisins, en un mot je les instruisis de tout ce qui pouvoit rendre leur vie agréable & commode. Je leur parlai encore de seize Espagnols qu'ils avoient à attendre, je leur laissai une lettre pour eux, & je leur fis promettre de vivre avec eux en bonne amitié.

Je leur laissai mes armes; sçavoir, cinq
mous-

mousquets, trois fusils de chasse, & trois sabres : j'avois encore outre cela un baril & demi de poudre, car j'en avois consumé fort peu. Je leur enseignai aussi ma maniere d'élever mes chevres, de les traire, de les engraisser, & de faire du beurre & du fromage. De plus je leur promis de faire ensorte, que le Capitaine leur laissât une plus grande provision de poudre, & quelques graines pour les jardins potagers, dont j'aurois été ravi d'être fourni moi-même quand j'étois dans leur cas. Je leur fis encore present du sac plein de pois que le Capitaine m'avoit donné & je les informai jusqu'à quel point ils se multiplieroient, s'ils avoient soin de les semer.

Le jour d'après, je les laissai là, & je m'embarquai, mais nous ne pûmes pas faire voile ce jour-là, ni la nuit suivante. C'étoit environ cinq heures du matin, quand nous vîmes deux de ceux que j'avois laissé dans l'Isle venant à nous à la nage, & priant au nom de Dieu qu'on les laissât entrer dans le Vaisseau, quand ils devroient être pendus un quart d'heure après, puisque certainement les autres trois scelerats les massacreroient, s'ils restoient parmi eux.

Le Capitaine fit quelque difficulté de les recevoir, sous prétexte qu'il n'en avoit pas le pouvoir sans moi, mais il se laissa gagner à la fin par les promesses qu'ils lui firent, de se bien conduire ; & effectivement après avoir été foüettez d'importance, ils devinrent de fort braves garçons. Quel-

Quelque tems aprés, la chaloupe fut envoyée à terre, avec les provisions que le Capitaine avoit promis aux *Exilez*, & où il avoit fait ajoûter, eu ma faveur, leurs coffres & leurs habits, qu'ils reçûrent avec beaucoup de gratitude. Je leur promis encore, que, si je pouvois leur envoyer un Vaisseau pour les prendre, je ne les oublierois pas.

En prenant congé de l'Isle, je pris avec moi, pour m'en souvenir, mon grand bonnet de peau de chevre, mon parasol & mon Perroquet: je n'oubliai pas non plus l'argent dont j'ai fait mention, & qui étoit resté inutile pendant si long-tems, qu'il étoit tout roüillé, sans pouvoir être reconnu, pour ce que c'étoit, avant d'avoir été un peu manié, & frotté; je n'y laissai pas non plus la petite somme, que j'avois tirée du Vaisseau Espagnol, qui avoit fait naufrage.

C'est ainsi que j'abandonnai l'Isle, le 19. Décembre de l'an 1686. selon le calcul du Vaisseau, après y avoir demeuré vingt-huit ans, deux mois & 19. jours; étant délivré de cette triste vie, le même jour du mois, que je m'étois échappé autrefois dans une barque longue des Maures de Salé. Mon voyage fut heureux, & j'arrivai en Angleterre l'onziéme de Juin de l'an 1687. ayant été hors de ma Patrie, trente-cinq ans.

Quand j'y arrivai, je m'y trouvai aussi étranger que si jamais je n'y avois mis les pieds. Ma fidelle Gouvernante, à qui j'avois confié

confié mon petit tréfor, étoit encore en vie, mais elle avoit eu de grands malheurs dans le Monde & étoit devenuë veuve pour la feconde fois. Je la foulageai beaucoup par raport à l'inquietude qu'elle avoit fur ce dont elle m'étoit redevable, & non feulement je lui proteftai, que je ne l'inquieterois pas là-deffus, mais encore pour la recompenfer de fa fidelité dans l'adminiftration de mes affaires, je lui fis autant de bien, que ma fituation pouvoit me le permettre; en lui donnant ma parole que je n'oublierois pas fes bontez paffées; auffi lui en ai-je marqué mon fouvenir, quand j'en ai eu le moyen, comme on verra ci-après.

Je m'en fus enfuite dans la Province de York, mais mon pere & ma mere étoient morts, & toute ma Famille éteinte, excepté deux fœurs, & deux enfans d'un de mes freres; & comme depuis long-tems je paffois pour mort, on m'avoit oublié dans le partage des biens, de maniere que je n'avois d'autres reffources que mon petit trefor, qui ne fuffifoit pas pour me procurer un établiffement.

A la verité je reçus un bien fait, où je ne m'attendois pas. Le Capitaine que j'avois fi heureufement fauvé avec fon Vaiffeau & fa Cargaifon, ayant donné aux Proprietaires une information favorable de ma conduite à cet égard, ils me firent venir, m'honorerent d'un compliment fort gracieux, & d'un prefent d'à peu prés deux cens Livres Sterling.

Cepen-

Cependant en faisant reflexion sur les differentes circonstances de ma vie, & sur le peu de moyens que j'avois de m'établir dans le Monde, je resolus de m'en aller à Lisbone, pour voir si je ne pourois pas m'y informer au juste de l'état de ma Plantation dans le Brezil, & de ce que pouvoit être devenu mon Associé, qui sans doute devoit me mettre au nombre des morts.

Dans cette vûë, je m'embarquai pour Lisbone, & j'y arrivai au mois de Septembre suivant avec mon valet *Vendredi*, qui m'accompagnoit dans toutes mes courses, & qui me donnoit de plus en plus des marques de sa fidelité & de sa probité.

Arrivé dans cette Ville, je trouvai, aprés plusieurs perquisitions, à mon grand contentement, mon vieux Capitaine, qui me fit entrer dans son Vaisseau au milieu de la mer, quand je me sauvois des Côtes de Barbarie.

Il étoit fort vieilli, & avoit abandonné la mer, ayant mis à sa place son fils, qui dès sa premiere jeunesse l'avoit accompagné dans ses voyages, & qui poussoit pour lui son Négoce de Brezil. Je le reconnus à peine, & ç'en étoit de même à mon égard, mais en lui disant qui j'étois, je lui retraçai bien-tôt mon idée, & je me remis aussi bien-tôt la sienne.

Après avoir renouvellé la vieille connoissance, on peut bien croire que je m'informai de ma Plantation, & de mon *Associé*.

*Tome II.* S

Le bon homme me dit là-dessus, que depuis 9. ans il n'avoit point été dans le Brezil, mais qu'il pouvoit m'assûrer que quand il y avoit été la derniere fois, mon Associé étoit encore en vie, mais que mes Facteurs, que j'avois joint à lui dans l'administration de mes affaires, étoient morts tous deux, qu'il croyoit pourtant que je pourrois avoir une information fort juste de mes affaires, puisque la nouvelle de ma mort s'étant répanduë par tout, mes Facteurs avoient été obligez de donner le compte des revenus de ma portion au Procureur Fiscal, qui se l'étoit apropriée, en cas que je ne revinsse jamais pour la reclamer, en ayant assigné un tiers au Roy, & deux tiers au Monastere de S. Augustin, pour être employez au soulagement des pauvres, & à la conversion des Indiens à la Foi Catholique. Que cependant, si moi, où quelqu'un de ma part reclamoit mon bien, il devoit être remis à son Propriétaire ; excepté seulement les revenus qui seroient réellement employez pour des usages charitables.

Il m'assura en même tems, que l'Intendant des revenus du Roi, par raport aux Biens immeubles, & celui du Monastere, avoient eu grand soin de tirer de mon Associé tous les ans, un compte fidelle du Revenu total, dont ils recevoient toûjours la juste moitié.

Je lui demandai, s'il croyoit que ma Plantation s'étoit assez accruë, pour valoir la peine

peine d'y jetter les yeux, & que je ne trouverois point de difficulté pour me remettre en possession de la juste moitié.

Il me répondit, qu'il ne pouvoit pas me dire exactement jusqu'à quel point ma Plantation s'étoit augmentée : ce qu'il sçavoit, c'est que mon Associé étoit devenu extrêmement riche, en jouïssant de sa moitié, & que le tiers de ma Portion, qui avoit été au Roy, & ensuite donnée à quelqu'autre Monastere, alloit au de-là de deux cens *Moïdores*. Qu'au reste il n'y avoit point de doute qu'on ne me remit en possession de mon Bien, puisque mon Associé vivant encore, pouvoit être témoin de mes Droits, & que mon nom étoit placé dans le Catalogue de ceux qui avoient des Plantations dans ce Pays. Il m'assuroit de plus, que les successeurs de mes Facteurs étoient de fort honnêtes gens, & fort à leur aise, qui non seulement pouvoient m'aider à entrer dans la possession de mes terres, mais qui devoient encore avoir en main pour mon compte une bonne somme, qui étoit le revenu de ma Plantation pendant que leurs peres en avoient soin, & avant que, faute de ma presence, le Roy & le Monastére, dont j'ai parlé, se le fussent apropriez, ce qui étoit arrivé il y avoit environ douze ans.

A ce recit je parus un peu mortifié, & je demandai à mon vieux ami, comment il étoit possible, que mes Facteurs eussent ainsi disposé de mes effets, dans le tems qu'ils savoient que j'avois fait un Testament en faveur de lui, c'est-à-dire du vieux Capitaine Portugais, comme mon Heritier universel.

Il me dit que cela étoit vrai, mais que n'ayant point de preuve de ma mort, il n'avoit pas été en état d'agir en qualité d'Executeur Testamentaire, & d'ailleurs il n'avoit pas trouvé à propos de se mêler d'une affaire si embarassée; que cependant il avoit fait enregistrer mon Testament, & qu'il s'en étoit mis en possession; que s'il avoit pû donner quelque assurance de ma mort ou de ma vie, il auroit agi pour moi, comme par procuration, & se seroit emparé de l'*Ingenio*, c'est-à-dire de l'endroit où l'on prépare le sucre, & que même il avoit donné ordre à son fils de le faire en son nom.

Mais, dit le bon Vieillard, j'ai une autre nouvelle à vous donner, qui ne vous sera peut-être pas si agréable, c'est que tout le monde vous croyant mort, vôtre Associé & vos Facteurs m'ont offert de s'accommoder avec moi par raport au revenu des sept, ou huit premieres années, lequel j'ai effectivement reçû. Mais, continua-t'il, ces revenus n'ont pas été grand'chose alors, à cause des grands déboursemens qu'il a fallu faire pour augmenter la Plantation, pour bâtir un *Ingenio*, & pour acheter des Esclaves. Cependant je vous donnerai un compte fidelle de tout ce que j'ai reçû, & de la disposition que j'en ai faite.

Aprés

Après avoir conferé encore pendant quelques jours avec mon vieux ami, il me donna le compte de six premières années de mes revenus, signé par mon Associé, & par mes deux Facteurs. Le tout lui avoit été délivré en Marchandises, savoir: du Tabac en rouleau, du Sucre en caisse, du *Rum*, du *Molossus*, & tout ce qui provient d'un Moulin à sucre, & je trouvai par-là que le revenu de ma Plantation s'étoit augmenté toutes les années considerablement. Mais, comme il a été déja dit, les déboursemens ayant été trés-grands, les sommes se trouvoient fort médiocres. Le bon homme me fit voir pourtant, qu'il me devoit 470. *Moydores* d'or, outre soixante caisses de Sucre, & 15. Rouleaux de Tabac, qui avoient été perdus dans un Naufrage qu'il avoit fait, en retournant à Lisbonne, environ onze ans après mon départ du Brezil.

Cet honnête Vieillard commença alors à se plaindre de ses desastres, qui l'avoient obligé à se servir de mon argent pour acquerir quelque portion dans un autre Vaisseau. Cependant, mon cher ami, continua-t-il, vous ne manquerez point de ressource dans vôtre nécessité, & vous serez pleinement satisfait, dés que mon fils sera de retour.

Là-dessus il tira un vieux sac de cuir & me donna 160. *Moydores Portugais* en or, avec le titre qu'il avoit par écrit du droit qu'il avoit dans la charge du Vaisseau, avec lequel

quel son fils étoit allé au Brésil, & où il avoit un quart, & son fils un autre. Il me remit tous ces papiers pour ma sureté.

J'étois extrêmement touché de la probité du pauvre Vieillard, & me ressouvenant de tout ne qu'il avoit fait pour moi, comme il m'avoit pris dans son Vaisseau, comme il m'avoit donné en toutes occasions des marques de sa generosité, dont je venois de recevoir encore des preuves nouvelles, j'avois de la peine à retenir mes larmes : c'est pourquoi je lui demandai d'abord, s'il étoit dans une situation à se passer de la somme, qu'il me restituoit, & si ce remboursement ne le mettroit pas à l'étroit. Il me répondit, qu'en effet il en seroit un peu incommodé, mais que dans le fond c'étoit mon argent, & que peut-être j'en avois plus grand besoin que lui.

Tout ce que me disoit cet honnête homme étoit si plein de bonté, & de tendresse, que je ne pouvois m'empêcher de m'attendrir. Je pris cependant cent *Moydores*, & je lui en donnai ma quittance, en lui rendant le reste, & en l'assurant, que si jamais je rentrois dans la possession de mon Bien, je lui rendrois encore le reste, comme je fis aussi dans la suite ; que pour le certificat qu'il vouloit me donner de sa portion, & de celle de son fils dans le Vaisseau, j'étois fort éloigné de le vouloir prendre, sçachant que si j'étois dans le besoin, il étoit assez honnête homme pour me payer ; que si je n'en avois pas

besoin

besoin, & si je parvenois à mon but dans le Brezil, je ne lui demanderois pas un sol.

Lorsque le Capitaine Portugais me vit résolu de passer moi-même dans le Brezil, il ne le désaprouva pas, mais il me dit qu'il y avoit d'autres moyens pour faire valoir mes droits, & pour joüir de mes revenus, & comme il avoit des Vaisseaux prêts à partir pour le Brezil dans la riviere de Lisbonne, il me fit mettre mon nom dans un Regiſtre public avec une diſpoſition de ſa part, dans laquelle il déclaroit ſous ſerment que j'étois en vie, & que j'étois la même perſonne qui avoit entrepris & commencé la Plantation, dont il s'agiſſoit. Il me conſeilla d'envoyer cette dépoſition faite dans les formes par devant Notaire, avec une procuration à un Marchand de ſa connoiſſance, qui étoit ſur les lieux, & de reſter avec lui, juſqu'à ce qu'on m'eût rendu compte de l'état de mes affaires.

Ces meſures réüſſirent au de-là de mes eſperances, car en ſept mois de tems il me vint un grand paquet de la part des Heritiers de mes Facteurs, qui contenoit les papiers ſuivans.

1o. Il y avoit un *Compte courant* du produit de ma Plantation pendant ſix ans, depuis que leurs peres avoient fait leur balance avec le *vieux Capitaine*. Par ledit Compte il me revenoit une ſomme de 1172. *Moydores*.

2o. Il y avoit un autre Compte des quatre dernieres années, avant que le Gouvernement ſe fût ſaiſi de l'adminiſtration de mes effets,

effets, comme apartenant à une personne, qui n'étant pas à trouver, pouvoit être considerée comme civilement morte. Le revenu de ma Plantation, s'étant alors considerablement accrû, il me revenoit, selon la balance de ce Compte, la somme de 3241. *Moydore*.

3°. Il y avoit un Compte du Prieur du Monastere, qui avoit joüi de mon revenu pendant plus de quatorze ans, & qui n'étant pas obligé de me restituer ce dont il avoit disposé en faveur de l'Hôpital, déclara avec beaucoup de probité, qu'il avoit encore entre les mains 872. *Moydores*, qu'il étoit prêt à me rendre. Mais pour le tiers que le Roy s'étoit aproprié, je n'en tirai rien du tout.

Ledit Paquet contenoit outre cela, une Lettre de Congratulation de mon Associé, sur ce que j'étois encore en vie, avec un détail de l'accroissement de ma Plantation, de ses revenus annuels, du nombre d'Acres de terre qui la composoient, & de celui des Esclaves, qui y étoient employez : il y avoit ajoûté 22. *Croix* en guise de benedictions ; & il m'assuroit qu'il avoit dit autant d'*Ave Maria*, pour remercier la Sainte Vierge, de ce qu'elle m'avoit conservé. Il me prioit en même tems d'une maniere fort tendre, de venir moi-même prendre possession de mes effets, ou du moins de l'informer à qui que je souhaitois qu'il les remit.

Cette Lettre, qui finissoit par des protestations pathétiques de son amitié & de celle le de toute fa Famille, étoit accompagnée d'un beau prefent, qui confiftoit en fix belles peaux de Leopard ( qu'il avoit reçû aparemment d'Afrique par quelqu'un de fes Vaiffeaux, dont le voyage avoit été plus heureux que le mien ) en fix Caiffes d'excellentes Confitures, & dans une centaine de pieces d'or non monoyé, un peu plus petites que des *Moïdores*.

Je reçûs dans le même tems de la part des Heritiers de mes Facteurs 1200. Caiffes de fucre, 800. Rouleaux de Tabac, & le refte de ce qui me revenoit en or.

J'avois grande raifon de dire alors que la fin de Job étoit meilleure que le commencement, & j'ai de la peine à exprimer les differentes penfées, qui m'agiterent en me voyant environné de tant de biens: car comme les Vaiffeaux du Brezil viennent toujours en flotte, les mêmes Navires qui m'avoient aporté mes Lettres, avoient auffi été chargez de mes Effets, ils avoient été en fureté dans la riviere, avant que j'euffe entre les mains les nouvelles de leur départ. Cette joye fubite me faifit d'une telle force, que le cœur me manqua, & je ferois peut-être mort fur le champ, fi le bon Veillard ne s'étoit hâté de me chercher un verre d'eau cordiale.

Je continuai pourtant à être affez mal pendant quelques heures, jufqu'à ce qu'on fit chercher un Medecin, qui inftruit de mon indifpofition, me fit faigner, ce qui me remit entierement.

T Je

Je me voyois alors tout d'un coup Maître de plus de 50000. livres Sterling en argent, & d'un Bien dans le Brezil de plus de mille Livres sterling de revenu, dont j'étois aussi sûr, qu'aucun Anglois peut l'être d'un bien qu'il possede dans sa propre Patrie. En un mot, je me voyois dans un bonheur que j'avois de la peine à comprendre moi-même, & je ne sçavois pas trop bien comment me conduire pour en joüir à mon aise.

La premiere chose à laquelle je songeai, c'étoit à recompenser mon Bienfaicteur le Capitaine Portugais, qui m'avoit donné tant de marques de sa charité dans mes malheurs, & tant de preuves de sa probité dans ma bonne Fortune.

Je lui montrai tout ce que je venois de recevoir, en l'assurant qu'aprés la Providence Divine, c'étoit lui, que je considerois comme la source de toute ma richesse, & que j'étois charmé de pouvoir le recompenser au centuple de toutes les bontez qu'il avoit euës pour moi. Je commençai d'abord par lui rendre les cent Moïdores qu'il m'avoit donnez, & ayant fait venir un Notaire, je lui donnai une décharge dans les formes des quatre cens soixante-dix, qu'il avoit reconnu me devoir: ensuite je lui donnai une Procuration pour être le Receveur des revenus annuels de ma Plantation, avec ordre à mon Associé de les lui envoyer par les flottes ordinaires. Je m'engageai encore à lui faire present de cent Moïdores

dores par an pendant toute sa vie, & de cinquante par an aprés sa mort pour son fils ; & c'est ainsi, que je trouvai juste de témoigner à ce bon Vieillard la reconnoissance, que j'avois de tous les services, qu'il m'avoit rendus.

Il ne me restoit plus qu'à délibérer, ce que je ferois du bien, dont la Providence m'avoit rendu Possesseur : ce qui certainement me donnoit plus d'embarras, que je n'en avois jamais eu dans la vie solitaire, que j'avois menée autrefois dans mon Isle, où je n'avois rien que ce dont j'avois besoin, & où je n'avois besoin que de ce que j'avois ; au lieu que dans ma nouvelle scituation mon bonheur même m'étoit à charge, par l'inquietude que me donnoit l'envie de mettre mes richesses en sureté. Je n'avois plus cette Grotte, où je pouvois conserver mon Trésor sans serrure, & sans clef, & où il pouvoit se roüiller dans un long repos sans être utile à personne. Il est vrai, que le vieux Capitaine étoit un homme parfaitement intégre ; c'étoit là aussi mon unique ressource. Ce qui augmentoit mon embarras, c'est que mon interêt m'apelloit dans le Brezil, & que je ne pouvois pas songer à entreprendre ce voyage, avant que d'avoir mis mon argent comptant en mains sures ; je pensai d'abord à ma bonne Veuve, dont l'intégrité m'étoit connuë, mais elle étoit déja avancée en âge, mal dans ses affaires, & peut-être endettée.

T 2  Ainsi

Ainsi il n'y avoit pas d'autre parti à prendre, que de retourner en Angleterre, & de prendre mes Effets avec moi.

Plusieurs mois s'écoulerent pourtant avant que de prendre une résolution fixe là-dessus & pendant ce tems-là, après avoir satisfait pleinement aux obligations que j'avois au vieux Capitaine Portugais, je pensai aussi à témoigner ma réconnoissance à ma pauvre Veuve, dont le mari avoit été mon premier bienfaicteur; & qui elle-même avoit été ma fidelle Gouvernante, & la sage directrice de mes affaires. Dans ce dessein je trouvai un Marchand à Lisbonne, à qui je donnai ordre d'écrire à son Corespondant à Londres de chercher cette bonne femme, pour lui donner de ma part cent livres sterling, & pour l'assurer que pendant ma vie elle ne manqueroit jamais de rien. En même tems j'envoyai cent livres sterling à chacune de mes Sœurs, qui vivoient à la campagne, & qui, quoi qu'elles ne fussent pas dans une nécessité absoluë, étoient bien éloignées pourtant d'être à leur aise, l'une étant veuve, & l'autre ayant un mari, dont elle n'avoit pas lieu d'être contente. Mais parmi tous mes Parens & toutes mes connoissances, je ne trouvai personne à qui confier le gros de mes affaires, d'une maniere à être tranquille là-dessus, avant que de passer dans le Brezil, ce qui me donna bien de l'inquiétude.

J'avois assez d'envie quelquefois de m'établir

tablir entiérement dans le Brezil, où j'étois comme naturalifé, mais j'étois retenu par quelques fcrupules de confcience. Il eft bien vrai qu'autrefois j'avois eu aflez peu de délicateffe, pour profeffer extérieurement la Religion dominante du Païs, & que je ne voyois pas encore qu'il y avoit là un fi grand crime, mais pourtant en y penfant plus mûrement, je jugeois qu'il n'étoit pas fûr pour moi de mourir dans une pareille diffimulation, & je me repentois d'en avoir jamais été capable.

Cependant ce n'étoit pas là le plus grand obftacle qui s'opofoit à mon voyage ; c'étoit, comme j'ai déja dit, la difficulté que je trouvois à difpofer de mes Effets d'une maniére fûre. Je me déterminai donc à retourner en Angleterre avec mon Argent, dans l'efpérance d'y trouver un ami, ou un parent digne de toute ma confiance, & j'exécutai ce deffein peu de tems après.

Mais avant de partir, la Flotte du Brezil étant prête à faire voile, je donnai les réponfes convenables aux Lettres obligeantes que j'avois reçûës de ce Païs. J'écrivis au Prieur une Lettre pleine de reconnoiffance, pour le remercier de l'intégrité, dont il avoit agi avec moi, & pour lui faire prefent de huit cens foixante & douze Moïdores qu'il avoit à moi, avec priére d'en donner cinq cens au Monaftere, & d'en diftribuer trois cens foixante & douze aux Pauvres, felon qu'il le trouveroit bon. Au refte je me recommandois

dois à ses prieres & à celles des autres Religieux.

J'écrivis une Lettre semblable à mes Facteurs sans l'accompagner d'aucun present, sachant bien qu'ils n'avoient pas besoin des effets de ma liberalité. On peut bien croire que je n'oubliai pas non plus de remercier mon Associé des soins qu'il avoit pris pour l'accroissement de nôtre Plantation, & de lui donner mes instructions sur la maniére dont je souhaitois qu'il dirigeât mes affaires. Je le priai d'envoyer réguliérement les revenus de ma moitié au vieil Capitaine, & je l'assurai que non-seulement je viendrois le voir, mais que j'avois encore dessein de me fixer dans le Brezil pour tout le reste de ma vie : j'ajoûtai à ces promesses un joli present de quelques piéces d'étoffes de soye d'Italie, de deux pieces de drap d'Angleterre aussi beau que je pus en trouver à Lisbonne, de cinq Piéces de Baye noire, & de quelques piéces de ruban de Flandre d'un assez grand prix.

Ayant mis ainsi ordre à mes affaires, vendu ma cargaison, & réduit toutes mes marchandises en argent, je ne trouvois plus rien d'embarrassant, que le choix de la route que je devois prendre pour passer en Angleterre. J'étois fort accoûtumé à la mer, & cependant je me sentois une aversion extraordinaire pour m'y hazarder, & quoique je fusse incapable d'en alléguer la moindre raison,

cette

cette aversion redoubloit de jour en jour d'une telle force, que je fis remettre à terre jusqu'à deux ou trois fois mon bagage, que j'avois déja fait embarquer.

J'avouë que j'avois essuyé assez de malheurs sur cet Elément pour le craindre, mais cette raison faisoit des impressions moins fortes sur mon esprit, que ces mouvemens secrets dont je me sentois saisi, & que j'avois grande raison de ne pas négliger, comme il parût par l'évenement. Deux de ces Vaisseaux, dans lesquels à differents tems j'avois voulu m'embarquer, furent trés-malheureux dans leur voyage: l'un fut pris par les Algériens, & l'autre fit n'aufrage prés de Torbay, sans qu'il s'en sauvât au de-là de trois personnes; par conséquent dans quel des deux que je me fusse embarqué, j'aurois été également malheureux.

Mon vieux Ami, sachant l'embarras où je me trouvois, par raport à mon voyage, m'exhorta fort de n'aller point par mer, il me conseilla plûtôt d'aller par terre jusqu'à la Corogne, & de passer de-là à la Rochelle par le Golphe de Biscaye, d'où il étoit aisé de continuer mon chemin par terre, jusqu'à Paris, & de venir de-là par Calais à Douvres; ou bien d'aller à Madrid, & de traverser toute la France par terre.

Mon aversion prodigieuse pour la mer me fit suivre ce dernier parti, qui me la faisoit éviter par tout, excepté le petit passage de

Calais à Douvres. Je n'étois pas fort pressé, je craignois peu la dépense, la route étant agréable, & pour que je ne m'y ennuyasse pas, mon vieux Capitaine me procura la Compagnie d'un Anglois fils d'un Marchand de Lisbone, qui me fit trouver deux autres Compagnons de voyage de la même Nation, ausquels se joignirent encore deux Cavaliers Portugais, qui devoient s'arrêter à Paris, de maniere que nous étions six Maîtres & cinq Valets. Les deux Marchands & les deux Portugais se contentoient d'avoir deux Valets à eux quatre, mais pour moi j'avois trouvé bon d'augmenter mon Domestique d'un Matelot Anglois, qui devoit me tenir lieu de Laquais pendant le voyage, parce que *Vendredi* n'étoit guéres capable de me servir comme il falloit, dans des Païs, dont il avoit à peine une idée.

De cette maniére nous quitâmes Lisbone bien montez & bien armez, faisant une petite troupe assez leste, qui me faisoit l'honneur de m'apeller son Capitaine; non seulement à cause de mon âge, mais encore parce que j'avois deux Valets, & que j'étois l'entrepreneur de tout le voyage.

Comme je ne suis pas entré dans le détail d'aucun de mes voyages par mer, je ne ferai pas non plus un journal éxact de mon voyage per terre. Je m'arrêterai seulement à quelques Avantures qui me paroissent dignes de l'attention du Lecteur.

Quand

Quand nous vinmes à Madrid, nous résolumes de nous y arrêter quelque tems, pour voir la Cour d'Espagne & tout ce qu'il y a de plus remarquable; mais l'Automne commençant à aprocher, nous nous pressâmes de sortir de ce Pays: & nous abandonnâmes Madrid environ au milieu d'Octobre. En arrivant sur les Frontieres de la Navarre, nous fûmes fort alarmez, en aprenant qu'une si grande quantité de Neige y étoit tombée du côté de la France, que plusieurs Voyageurs avoient été obligez de retourner à Pampelune, après avoir tenté de passer les Montagnes en s'exposant aux plus grands hazards.

Arrivez à Pampelune, nous trouvames que cette nouvelle n'étoit que trop bien fondée: nous y sentimes un froid insuportable, sur tout pour moi qui étois accoutumé à vivre dans des Climats si chauds, qu'à peine y peut on souffrir les habits. J'y étois d'autant plus sensible, que dix jours auparavant nous avions passé par la Vieille Castille dans un tems extraordinairement chaud. On peut croire si c'étoit un grand plaisir pour moi, d'être exposé aux vents qui venoient des Pyrénées, & qui causoient un froid assez rude, pour engourdir nos doigts & nos oreilles, & pour nous les faire perdre.

Le pauvre *Vendredi* étoit encore le plus malheureux de nous tous, en voyant pour la premiére fois de sa vie les Montagnes couvertes de Neige, & en sentant le froid,

chose

chose inconnuë pour lui jusques alors.

La Neige cependant continuoit toujours à tomber avec violence, & pendant si long-tems, que l'Hyver étoit venu avant son tems, & les passages, qui jusqu'alors avoient été difficiles, en devinrent absolument impraticables. La Neige étoit d'une épaisseur terrible, & n'ayant point acquis de fermeté par une forte gelée, comme dans les païs Septentrionaux, elle faisoit courir risque aux Voyageurs à chaque pas d'y être enterrez tout vifs.

Nous nous arrêtames pour le moins une vingtaine de jours à Pampelune, mais persuadez que l'aproche de l'hyver ne mettroit pas nos affaires en meilleur état ( aussi étoit-ce par toute l'Europe l'Hyver le plus cruel qu'il y eût eu de mémoire d'hommes) je proposai à mes Compagnons d'aller à Fontarabie, & de passer de-là par mer à Bourdeaux, ce qui n'étoit qu'un trés-petit Voyage.

Pendant que nous étions à délibérer là-dessus, nous vîmes entrer dans nôtre Auberge quatre Gentilhommes François, qui ayant été arrêtez du côté de la France, comme nous du côté de l'Espagne, avoient eu le bonheur de trouver un Guide, qui traversant le Païs du côté du Languedoc, leur avoit fait passer les Montagnes par des chemins, où il y avoit peu de Neige, ou du moins où elle étoit assez endurcie par le froid pour soûtenir les hommes & les chevaux.

Nous

Nous fimes chercher ce Guide, qui nous assura qu'il nous méneroit par le même chemin sans avoir rien à craindre de la Neige; mais que nous devions être assez bien armez, pour pouvoir nous défendre contre les bêtes féroces, & sûr tout contre les Loups, qui devenus enragez faute de nourriture, se faisoient voir par troupes aux pieds des Montagnes. Nous lui dîmes, que nous ne craignions rien de ces animaux pourvû qu'il nous pût mettre l'esprit en repos sur certains Loups à deux jambes, que nous étions en grand danger de rencontrer, à ce qu'on nous avoit assûré, du côté des montagnes qui regardent la France.

Il nous répondit que nous ne serions point exposez à ce danger dans la route, par laquelle il nous meneroit; & là-dessus nous nous déterminâmes à le suivre, & le même parti fut pris par douze Cavaliers François avec leurs Valets, qui avoient été obligez de revenir sur leurs pas.

Nous sortîmes de Pampelune le 15. de Novembre, & nous fûmes d'abord bien surpris de voir nôtre Guide, au lieu de nous mener en avant, nous faire retourner l'espace de 20. milles Anglois, par le même chemin par lequel nous étions venus de Madrid, mais ayant passé deux riviéres, & traversé un Climat fort chaud & fort agréable, où l'on ne découvroit pas la moindre Neige, il tourna tout d'un coup du côté gauche, & nous fit rentrer dans les montagnes par un autre chemin.

min. Nous y aperçûmes des Précipices dont la vûë nous faisoit frissonner, mais il sçut nous conduire par tant de détours & par tant de meandres, qu'il nous fit passer la hauteur des montagnes, sans que nous en sussions rien, & sans être fort incommodez de la Neige, & tout d'un coup il nous montra les agréables & fertiles Provinces du Languedoc & de la Gascogne, qui frapoient nos yeux par une charmante verdure. Il est vrai que nous les voyions, à une grande distance de nous, & qu'il falloit encore faire bien du chemin, avant que d'y entrer.

Nous fumes pourtant bien mortifiez un jour, en voyant tomber de la Neige dans une telle abondance, qu'il nous fut impossible d'avancer, mais nôtre Guide nous donna courage, en nous assurant que toutes les difficultez de la route seroient bien-tôt surmontées. Nous trouvames effectivement que chaque jour nous descendions de plus en plus, & que nous avancions du côté du Nord, ce qui nous donna assez de confiance en nôtre Guide pour pousser hardiment nôtre Voyage.

Voicy une avanture assez remarquable, qui nous arriva un jour : Nous avions encore à peu prés deux heures de jour, quand nous hâtant vers nôtre gîte, nous vîmes sortir d'un chemin creux à côté d'un bois épais trois Loups monstrueux, suivis d'un Ours. Comme nôtre Guide nous avoit assez dévancé pour être hors de nôtre vûë, deux de ces Loups se jet-

jetterent sur lui, & si nous avions été seulement éloignez d'un demi mille Anglois, il auroit été certainement dévoré avant que nous eussions été en état de lui donner du secours. L'un de ces animaux s'attacha au Cheval, & l'autre attaqua l'homme avec tant de fureur, qu'il n'eût ni le tems, ni la presence d'esprit de se saisir de ses armes à feu : il se contenta de pousser des cris épouventables. Comme *Vendredi* étoit le plus avancé de nous tous, je lui dis d'aller à toute bride voir ce que c'étoit. Dés qu'il découvrit de loin, ce dont il s'agissoit, il se mit à crier de toutes ses forces : *O Maître, Maître*, mais il ne laissa pas de continuer son chemin tout droit vers le pauvre Guide, & comme un garçon plein de courage, il apuya son pistolet contre la tête du Loup, qui s'étoit attaché à l'homme, & le fit tomber à terre roide mort.

C'étoit un grand bonheur pour le pauvre Guide, que *Vendredy* étant accoûtumé dans sa Patrie à ces sortes de bêtes, ne les craignoit gueres, ce qui l'avoit rendu assez hardi pour tirer son coup de près, au lieu que quelqu'un de nous tirant de plus loin, auroit couru risque ou de manquer le Loup, ou de tuër l'homme.

Aussi-tôt que le Loup, qui avoit attaqué le Cheval, vit son camarade à terre, il abandonna sa proye, & s'enfuit. Il s'étoit heureusement attaché à la tête du cheval, où ses dents rencontrant les bossettes de la bride,

bride, n'avoit pas pû porter des coups bien dangereux. Il n'en étoit pas ainsi de l'homme, qui avoit reçû deux morsures cruelles, l'une dans le bas, & l'autre au dessus du genoüil, & qui avoit été sur le point de tomber de son cheval qui se cabroit, dans le moment que *Vendredy* étoit venu si heureusement à son secours.

On croira facilement qu'au bruit du coup de pistolet de mon Sauvage, nous doublions tous le pas, autant qu'un chemin extrêmement raboteux pouvoit nous le permettre.

A peine nous étions-nous débarrassez des arbres qui nous barroient la vûë, que nous vîmes distinctement ce qui venoit d'arriver, sans pourtant pouvoir distinguer d'abord quelle espéce d'animal c'étoit, que *Vendredi* venoit de tuer.

Mais voici un autre combat bien plus surprenant : il se donna entre le même Sauvage & l'Ours dont je viens de parler, & nous divertit à merveilles, quoiqu'au commencement nous en fussions fort allarmez. Il sera bon pour l'intelligence de cette avanture, de la faire précéder d'une courte description du caractere de Messieurs les Ours. On sçait que l'Ours est un animal grossier & pesant, & fort éloigné de pouvoir galoper comme un Loup, qui est fort leger & trés-alerte, mais on ignore peut-être qu'il a deux qualitez essentielles, qui font la régle générale de la plûpart de ses actions.

Premierement, comme il ne considére pas l'homme comme sa proye, à moins qu'une faim excessive ne le fasse sortir de son naturel, il ne l'attaque pas, s'il n'en est attaqué le premier. Si vous le rencontrez dans un bois, & si vous ne vous mêlez pas de ses affaires, il ne se mêlera pas des vôtres : mais ayez bien soin de le traiter avec beaucoup de politesse, & de lui laisser le chemin libre, car c'est un Cavalier fort pointilleux, qui ne fera pas un seul pas hors de sa route pour un Monarque. S'il vous fait peur, le meilleur parti que vous puissiez prendre, c'est de détourner les yeux, & de continuer vôtre chemin, car si vous vouliez vous arrêter pour le regarder fixement, il pourroit bien s'en offenser : mais si vous êtiez assez hardi pour lui jetter quelque chose, & qu'elle le touchât, ne fut-ce qu'un morceau grand comme le doigt, soyez sûr qu'il le prendroit pour un affront sanglant, & qu'il abandonneroit toutes ses autres affaires, pour en tirer vengeance, car il est extrémement délicat sur le point d'honneur : c'est-là sa premiere qualité. Il en a encore une autre, qui est tout aussi remarquable : c'est que s'il se fourre dans l'esprit que vous l'avez offensé, il ne vous abandonnera ni de nuit ni de jour jusqu'à ce qu'il en ait satisfaction, & que l'affront soit lavé dans vôtre sang.

Je reviens au combat, dont j'ai promis la relation. A peine *Vendredi* eût-il aidé à descendre de Cheval nôtre Guide, encore plus effrayé,

effrayé, qu'il n'étoit blessé, que nous vîmes l'Ours sortir du bois, & je puis protester, que je n'en ai jamais vû d'une taille plus monstrueuse.

Nous étions tous un peu effrayez à sa vûë horsmis *Vendredy*, qui marquant dans toute sa contenance beaucoup de joye & de courage, s'écria : *O Maître, Maître vous me donner congé, moi lui toucher dans la main, moi vous faire bon rire* que voulez-vous dire grand fou que vous êtes, lui dis-je, il vous mangera. *Lui manger moi, lui manger moi !* répondit-il, *moi manger lui, vous tous rester là, moi vous donner bon rire.* Aussi tôt le voilà à bas de son Cheval, il ote ses bottes dans le moment, chausse une paire d'escarpins qu'il avoit dans sa poche, donne son cheval à garder à mon autre Laquais, se saisit d'un fusil, & se met à courir comme le vent.

L'Ours cependant se promenant au petit pas, sans songer à malice, jusqu'à ce que *Vendredi* s'en étant approché, commença à lier conversation avec lui, comme si l'animal étoit capable de l'entendre : *écoute donc, écoute donc*, lui cria-t'il *moi te vouloir parler un peu*. Pour nous nous le suivions à quelque distance. Nous étions déja descendus des Montagnes du côté de la Gascogne, & nous nous trouvions dans une vaste pleine, où pourtant il y avoit une assez grande quantité d'arbres répandus par-cy par-là.

*Vendredi* étant, pour ainsi dire, sur les
ta-

talons de l'Ours, ramasse une grande Pierre, la jette à cet affreux animal & l'attrape justement à la tête, sans pourtant lui faire plus de mal, que si le caillou avoit donné contre une muraille. Aussi mon drole n'avoit d'autre but que de se faire suivre par l'Ours, & de nous donner *bon rire*, selon sa maniere de s'exprimer. L'Ours, selon sa loüable coûtume, ne manqua pas d'aller droit à lui, en faisant des pas si terribles, que pour le suivre on auroit dû mettre son cheval à un médiocre galop.

Il n'avoit garde cependant d'attraper *Vendredi*, que je vis à mon grand étonnement prendre sa course de nôtre côté, comme s'il avoit besoin de nôtre secours, ce qui nous détermina à faire feu sur la bête tous en même tems pour délivrer mon Valet de ses griffes; j'étois pourtant dans une furieuse colere contre contre lui pour avoir attiré l'Ours sur nous, dans le tems qu'il ne songeoit qu'à aller droit son chemin. Cela s'apelle-t'il nous faire rire, maraut, lui dis-je, viens vîte, & prend ton cheval, afin que nous puissions tuer ce diable d'animal que tu as mis à nos trousses. *Point, point*, répondit-il tout en courant, *non tirer, non tirer, vous point bouger, vous avoir grand rire.* Comme mon drole couroit deux fois plus vite que l'Ours, & qu'il y avoit encore un assez grand espace entre l'un & l'autre, il prend tout d'un coup à côté de nous où il voyoit un grand chêne très-propre à l'execution de son projet, & nous faisant signe de le suivre, il met bas son fusil à quelques pas de l'arbre, & il y grimpe avec une adresse étonnante. Nous suivions cependant à quelque distance l'Ours irrité qui prenoit le même chemin. Etant proche de l'arbre, il s'arrête auprés du fusil, le flaire, & le laissant-là, il se met à grimper contre le tronc de l'arbre à la maniére des Chats, quoiqu'il fût d'une pesanteur extraordinaire.

J'étois surpris de la folie de mon Valet, & jusques-là je ne voyois pas le mot pour rire dans toute cette affaire. L'Ours avoit déja gagné les branches de l'arbre, & il avoit fait la moitié du chemin depuis le tronc jusqu'à l'endroit où *Vendredi* s'étoit mis sur l'extremité foible d'une grosse branche. Dès que l'animal eut mis les pattes sur la même branche, & qu'il se fut mis en devoir d'aller jusqu'à mon Valet, il nous cria qu'il alloit aprendre à danser à l'Ours, & en même tems il se met à sauter sur la branche, & à la remuer de toutes ses forces, ce qui fit chanceler l'Ours, qui regardoit déja en arriere, pour voir de quelle maniere il se retireroit delà, ce qui nous fit rire effectivement de tout nôtre cœur. Mais la farce n'étoit pas encore jouée jusqu'au bout ; quand *Vendredi* vit l'animal s'arrêter, il lui parla de nouveau, comme s'il avoit été sûr de lui faire entendre son mauvais Anglois : *Quoi*, lui dit-il, *toi ne pas venir plus loin, toi prié encore un peu venir* : en même tems il cesse de remuer la branche,

che, & l'Ours, comme s'il étoit sensible à son invitation, fait effectivement quelques pas en avant; & aussi souvent qu'il plaisoit à mon drole de remuer la branche, l'Ours trouvoit à propos d'arrêter tout court.

Je crus alors, qu'il étoit tems de lui casser la tête; & pour cette raison je criai à *Vendredi* de se tenir en repos, mais il me pria de n'en rien faire, & de lui permettre de le tuer lui-même quand il le voudroit.

Pour abreger l'Histoire, mon Sauvage dansoit si souvent sur la branche, & l'Ours en s'arrêtant se mettoit dans une posture si grotesque, que nous en mourions de rire. Nous ne connoissions pourtant rien dans le dessein de *Vendredi*; nous avions crû d'abord qu'en remuant la branche il avoit envie de faire culbuter cette lourde bête du haut en bas: mais elle étoit trop fine pour s'y laisser attraper, & elle se cramponnoit à la branche avec ses quatre griffes d'une telle force, qu'il étoit impossible de la faire tomber, & par consequent nous avions de la peine à comprendre, par quelle plaisanterie l'avanture finiroit.

*Vendredi* nous tira bien-tôt d'embaras, car voyant que l'Ours n'avoit pas envie d'aprocher davantage; *bon, bon*, me dit-il, *toi ne pas venir plus à moi, moi venir à toi*: & là-dessus il s'avance vers l'extremité de la branche, & s'y pendant par les mains, il la fait plier assez pour se laisser tomber à terre sans risque.

L'Ours voyant de cette maniere son ennemi décamper, prend la résolution de le suivre, il se met à marcher sur la branche à reculons, mais avec beaucoup de lenteur & de précaution, ne faisant pas un pas sans regarder en arriere. Quand il fut arrivé au tronc, il en descendit avec la même circonspection toûjours à reculons, & ne remuant jamais un pied qu'il ne sentît l'autre bien fermement attaché à l'écorce. Il alloit justement apuyer une de ses jambes sur la terre, quand *Vendredi* s'avança sur lui, & lui mettant le bout du fusil dans l'oreille, le fit tomber roide mort.

Aprés cette expedition mon gaillard s'arêta pendant quelques momens d'un air grave, pour voir si nous ne rions pas, & voyant qu'effectivement il nous avoit extrêmement divertis, il fit un terrible éclat de rire lui-même, en disant que c'étoit ainsi qu'on tuoit les Ours dans son pays, Comment! lui répondis-je, le moyen que vous les tuïez de cette maniere, vous n'avez point de fusils ; Oüi, répartit-il, *point fusils, mais nous tirer beaucoup grands longs fléches.*

Il est certain qu'il nous avoit tenu parole, & que cette Comedie nous avoit donné beaucoup de plaisir. Cependant j'en aurois encore ri de meilleur cœur, si je ne m'étois pas trouvé dans un lieu sauvage, où les hurlemens des Loups me donnoient beaucoup d'inquiétude. Le bruit qu'ils faisoient étoit épouventable, & je ne me souviens pas d'en avoir
jamais

jamais entendu un pareil, qu'une seule fois sur le rivage d'Afrique, comme je crois l'avoir déja dit ci-dessus.

Si ce bruit affreux, & l'aproche de la nuit ne nous avoient tiré de-là, nous aurions suivi le conseil de *Vendredi*, en écorchant la bête, dont la peau valloit la peine d'être conservée; mais nous avions encore trois lieuës à faire, avant que d'arriver au gîte, & nôtre Guide nous pressoit de pousser nôtre Voyage.

Toute cette route étoit couverte de Neige, quoiqu'à une moindre épaisseur que dans les montagnes, & par conséquent elle étoit moins dangereuse. Mais en récompense les Loups enragez par la faim étoient descendus par bandes entieres dans les plaines & dans les forêts, & avoient fait des ravages affreux dans plusieurs Villages, où ils avoient tué une grande quantité de moutons & de chevaux, sans épargner les hommes, dont ils en avoient dévoré plusieurs.

Nous aprimes de nôtre Guide, qu'il nous restoit encore à traverser un endroit fort dangereux, & où nous ne manquerions pas à rencontrer des Loups.

C'étoit une petite plaine environnée de bois de tous côtez, & suivie d'un défilé fort étroit, par où nous devions passer absolument pour sortir des forêts, & pour gagner le Bourg où nous devions coucher cette nuit.

Nous entrâmes dans le premier bois une demi-heure avant le coucher du Soleil,

&

& dans la plaine, une demie heure aprés. Dans ce bois nous ne rencontrâmes rien qui fût capable de nous effrayer, horsmis que dans une fort petite plaine, d'environ un demi-quart de mille, nous vîmes cinq grands Loups traverser le chemin tous à la file les uns des autres, comme s'ils couroient aprés une proye assurée. Ils ne firent pas seulement semblant de nous apercevoir, & en moins de rien ils étoient hors de nôtre vûë. Cependant nôtre Guide qui étoit un poltron achevé, nous pria de nous préparer à la défense, puisqu'aparemment ces Loups seroient suivis d'une grande quantité d'autres.

Nous suivîmes son conseil, sans cesser un moment de tourner les yeux de tous côtez, mais nous n'en découvrimes pas un seul dans tout le bois qui étoit long de plus d'une demi-lieuë. Il n'en fut pas de même dans la plaine, dont j'ai fait mention : le premier objet qui nous y frapa étoit un cheval tué par ces animaux, sur le cadavre duquel ils étoient encore au nombre de quelques douzaines, occupez non à devorer la chair, mais à ronger les os.

Nous ne trouvâmes point du tout à propos de troubler leur Festin, & de leur côté ils ne songeoient pas à le quitter pour nous troubler dans nôtre voyage. *Vendredi* avoit pourtant grande envie de leur lâcher quelques coups de fusil, mais je l'en empêchai, prévoyant que bien-tôt nous aurions des affaires de reste. Nous n'avions pas encore traversé

la

la moitié de la plaine, quand nous entendimes à nôtre gauche des hurlemens terribles: un moment après nous vimes une centaine de Loups venir à nous, par rangs & par files, comme s'ils avoient été mis en bataille par un Officier experimenté.

Je crus, que le seul moyen de les bien recevoir, étoit de nous arranger tous dans une même ligne, & de nous tenir bien serrez, ce que nous executâmes dans le moment. Je donnai encore ordre à mes gens de faire leur décharge, ensorte qu'il n'y eut que la moitié qui tirât à la fois, & que l'autre se tint prête à faire dans le moment une seconde décharge, & si malgré tout cela les Loups ne laissoient pas de pousser leur pointe, qu'ils ne s'amusassent pas à recharger leurs fusils, mais qu'ils missent promptement le pistolet à la main. Nous en avions chacun une paire, & ainsi nous étions en état de faire six décharges tout de suite. Mais pour lors toutes nos armes ne nous furent pas nécessaires; car à nos premiers coups les ennemis s'arrêterent tout court. Il y en eût quatre de tuez, & plusieurs autres de blessez, qui en se tirant de la foule, laissoient sur la neige les traces de leur sang. Voyant pourtant que le reste ne se retiroit pas, je me ressouvins d'avoir entendu dire, que les bêtes les plus feroces même étoient effrayées du cri des hommes, & consequemment j'ordonnai à tous mes compagnons d'en pousser un de toutes leurs forces.

Je

Je vis par-là que cette opinion n'étoit pas si mal fondée, car dans le moment ils commencerent leur retraite, & aprés avoir fait faire une seconde décharge sur leur arriere-garde, ils prirent le galop pour s'enfuïr dans les bois.

Leur fuite nous donna le loisir nécessaire pour recharger nos armes tout en chemin faisant, mais à peine eûmes nous pris cette précaution, que nous entendîmes dans le même bois du côté gauche, mais plus en avant que la premiere fois, des hurlemens encore plus effroyables.

La nuit s'aprochoit cependant, ce qui mettoit nos affaires en plus mauvais état, sur tout quand nous vîmes paroître tout en même tems trois troupes de Loups, l'une à la gauche, l'autre derriere nous, & la troisiéme à nôtre front ; de maniere que nous en étions presque environnez. Néanmoins comme ils ne tomboient pas d'abord sur nous, nous jugeâmes à propos de gagner toûjours pays, autant que nous pouvions faire avancer nos chevaux, ce qui n'étoit tout au plus qu'un bon trot, à cause des mauvais chemins.

De cette maniere nous découvrimes bien-tôt le *defilé*, par lequel il falloit passer de necessité, & qui étoit au bout de la plaine, comme j'ai déja dit : mais étant sur le point d'y entrer, nous fumes surpris par la vûë d'un nombre confus de Loups qui faisoient mine de vouloir nous disputer le passage.

Tout

Tout d'un coup nous entendimes d'un autre côté un coup de fusil, & dans le même instant nous vimes un cheval scellé & bridé sortir du bois, & s'enfuyr comme le vent, ayant à ses trousses seize ou dix sept loups, qui devoient bien-tôt l'atteindre, puisqu'il étoit impossible qu'il soûtint encore longtems une course si vigoureuse.

En nous avançant du côté de l'ouverture dont ce cheval venoit de sortir, nous vimes les cadavres d'un autre cheval & de deux hommes fraichement devorez par ces bêtes enragées, l'un desquels devoit être necessairement celui, à qui nous avions entendu tirer un coup de fusil, car nous en trouvâmes un déchargé à terre auprés de lui, & nous le vimes lui-même tout défiguré, sa tête & le haut de son corps ayant été déja rongez jusqu'aux os.

Ce spectacle nous remplit d'horreur, & nous ne sçavions pas de quel côté nous tourner, quand ces abominables bêtes nous forcerent à prendre une resolution, en avançant sur nous de tout côtez au nombre de trois cens tout au moins.

Par bonheur nous découvrimes tout prés du bois plusieurs grands arbres abbatus aparemment pendant l'Eté, pour servir à la Charpente. Je plaçai ma petite troupe au beau milieu, aprés lui avoir fait mettre pied à terre; & je l'arrangeai en forme de triangle devant le plus grand de ces arbres, qui pouvoit lui servir de rempart.

Cette précaution ne nous fut pas inutile, car ces loups endiablez nous chargerent avec une fureur inexprimable & avec des hurlemens capables de faire dresser les cheveux, comme s'ils tomboient sur une voye assurée : & je crois que leur rage étoit sur tout animée par la vûë des chevaux, que j'avois fait placer au milieu de nous. J'ordonnai à mes gens de tirer de la même maniere qu'ils avoient fait dans la premiere rencontre, & ils l'executerent si bien, qu'ils firent tomber un bon nombre de nos ennemis par la premiere décharge, mais il étoit nécessaire de faire un feu continuel, car ils venoient sur nous comme des Diables, ceux de derriere poussant en avant les premiers.

Après nôtre seconde décharge nous les vimes s'arrêter un peu, & j'esperois déja que nous en serions bien-tôt quites, mais j'étois bien trompé. Nous fumes encore obligez de faire feu deux fois de nos pistolets, & je crois que dans ces quatre décharges nous en tuâmes bien dix-sept ou dix-huit, en blessant plus du double de ce nombre.

J'aurois été fort fâché de faire tirer nôtre dernier coup sans la derniere nécessité : je fis donc venir mon Valet Anglois ( car *Vendredi* étoit occupé à charger mon fusil & le sien) je lui ordonnai de prendre un cornet à poudre, & de faire une large traînée sur l'arbre qui nous servoit de rampart, & sur lequel

*les*

les loups se jettoient à tous momens avec une rage épouvantable. Il le fit, & dés que je vis nos ennemis montez sur l'arbre, j'eus justement le tems de mettre le feu à ma trainée, en lâchant dessus le chien d'un pistolet déchargé : tous ceux qui se trouvoient sur l'arbre furent grillez par le feu, dont la force en jetta sept ou huit parmi nous, que nous dépêchâmes en moins de rien ; pour les autres, ils étoient si effrayez de cette lumiere subite augmentée par l'obscurité de la nuit, qu'ils commencerent à se retirer un peu. Là dessus je fis faire sur eux la derniere décharge, que nous accompagnâmes d'un grand cri qui acheva de les mettre entiérement en fuite. Ensuite nous fimes une sortie l'épée à la main, sur une vingtaine d'estropiez, & en les tailladant, nous fimes en sorte que leurs hurlemens plaintifs contribuassent à épouventer les autres, qui avoient regagné les bois.

Nous en avions tué tout au moins une soixantaine, & si ç'avoit été en plein jour, nous en aurions bien dépêché davantage : cependant le champ de bataille nous restoit, mais nous avions encore tout au moins une lieuë à faire, & nous entendions encore de tems en tems un bruit affreux dans les bois. Nous crûmes même plus d'une fois en voir prés de nous, sans être bien sûrs à cause de la Neige, qui nous éblouïssoit les yeux.

Aprés avoir marché encore une heure dans de pareilles inquiétudes, nous arrivames

au

au Bourg où nous devions passer la nuit. Nous y trouvâmes tout le monde sous les armes, à cause que la nuit d'auparavant un grand nombre de Loups, & quelques Ours y étoient entrez, & leur avoient donné une allarme bien chaude, qui les obligeoit à se tenir continuellement en sentinelle, & sur tout pendant la nuit, afin de défendre leurs troupeaux, & de se défendre eux-mêmes.

Le jour d'aprés nôtre Guide étoit si mal, & les membres où il avoit été blessé, étoient tellement enflez, qu'il lui fut impossible de nous servir davantage, ainsi nous fumes obligez d'en prendre un autre, pour nous conduire jusqu'à Toulouse. C'est là que nous trouvâmes au lieu de montagnes de Neige & de loups, un Climat chaud, & une campagne riante & fertile.

Quand nous contames nôtre Avanture, on nous dit que rien n'étoit plus ordinaire que d'en avoir de semblables au pied des montagnes, sur tout quand il y avoit de la Neige; ils étoient fort surpris de ce que nous avions trouvé un Guide assez hazardeux pour nous mener par cette route dans une Saison si rigoureuse, & que nous avions été heureux de sauver nôtre vie de la fureur de tant de loups affamez. Quand je leur fis le recit de nôtre ordre de bataille, ils nous blâmerent fort de nous y être pris de cette maniere, & ils étoient convaincus que les loups avoient redoublé leur rage, à cause des chevaux;

vaux, que nous avions placez derriere nous, & qu'ils avoient confideré comme une proye qui leur étoit duë. A leur avis, il y avoit cinquante contre un que nous aurions été détruits, fans le ftratageme de la trainée de poudre, de laquelle je m'étois avifé, & fans le feu continuel que nous avions foin de faire; ils ajoûtoient encore que nous aurions couru moins de danger fi nous étions reftez à cheval, & fi de cette maniere nous avions tiré fur eux, parce que voyant les chevaux montez, ces animaux n'ont pas la coûtume de les confiderer fi facilement comme leur proye, qu'enfin, fi nous avions voulu mettre pied à terre, nous aurions bien fait de facrifier nos chevaux à caufe que felon toutes les aparences, c'eft fur eux qu'ils fe feroient tous jettez, en nous laiffant en repos, nous voyant en grand nombre, & bien armez.

Le danger duquel nous venions d'échaper, étoit veritablement terrible; j'avouë que j'en étois plus frapé qu'aucun autre que j'euffe couru de ma vie, & que je m'étois crû perdu abfolument, en voyant deux ou 300. de ces bêtes endiablées venir à nous la gueule beante, fans que je puffe trouver aucun lieu de refuge, pour me mettre à l'abri de leur fureur.

Je ne crois pas que j'en perde jamais l'idée, & déformais j'aimerois mieux faire mille lieuës par mer, quand je ferois fur d'effuyer une tempête toutes les femaines, que de traverfer encore une feule fois les mêmes montagnes.

Je ne dirai rien de mon voyage par la France, puisque plusieurs autres ont infiniment mieux parlé de tout ce qui concerne ce Pays, que je ne saurois le faire. Je dirai seulement que sans m'arrêter beaucoup, je passai de Toulouse à Calais par Paris, & que j'arrivai à Douvres le 14 de Janvier, aprés avoir essuyé un froid presque insuportable.

J'étois parvenu alors au centre de mes desirs, ayant avec moi tout mon Bien, & voyant toutes mes Lettres de change payées sans aucun delai.

Dans cette heureuse situation, je me servois de ma bonne Veuve comme de mon conseiller privé, ses bontez pour moi étoient animées & redoublées par la reconnoissance, & elle ne trouvoit aucun soin trop embarassant, ni aucune peine trop fatiguante, quand il s'agissoit de me rendre service. Aussi avois-je une si parfaite confiance en elle, que je croyois tous mes effets en sureté entre ses mains; & certainement, pendant tout le tems que j'ai joüi de son amitié, je me suis cru heureux d'avoir trouvé une personne d'une probité si inalterable.

J'étois déja résolu à lui laisser la direction de toutes mes affaires, & à partir pour Lisbonne, pour fixer ma demeure dans le Brezil, quand une délicatesse de Conscience m'en vint détourner. J'avois refléchi souvent, & sur tout pendant ma vie solitaire, sur le peu de sûreté qu'il y a à vivre dans la

Religion

Religion Catholique Romaine, & je savois qu'il m'étoit impossible de m'établir dans le Brezil, sans en faire profession, & que d'y manquer ne seroit autre chose que m'exposer à souffrir le martyre entre les cruelles mains de l'Inquisition. Cette consideration me fit changer de sentiment, & prendre le parti de rester dans ma Patrie, sur tout si j'étois assez heureux, pour trouver le moyen de me défaire avantageusement de ma Plantation.

Dans cette intention j'écrivis à mon vieux Ami de Lisbonne, qui me répondit, qu'il trouveroit là aisément le moyen de vendre ma Plantation, qu'il jugeoit à propos, si j'y consentois, de l'offrir en mon nom, aux deux Heritiers de mes Facteurs, qui étoient riches, & qui se trouvant sur les lieux en connoissoient parfaitement la valeur; que pour lui il étoit sûr, qu'ils seroient ravis d'en faire l'achat, & qu'ils m'en donneroient du moins quatre ou cinq mille piéces de huit au de-là de ce que j'en pourrois tirer de tout autre.

J'y consentis, & l'affaire fut bien-tôt reglée; car huit mois aprés, la flotte du Brezil étant revenuë en Portugal, j'apris par une Lettre du vieux Capitaine, que mon offre avoit été acceptée, & mes Facteurs avoient envoyé à leur Correspondant à Lisbonne 33000. Pieces de huit pour payer le prix, dont on étoit convenu.

Je ne balançai pas un moment à signer les conditions de la vente, telles qu'on les avoit

dressées

dreſſées à Lisbonne, & en ayant renvoyé l'acte de mon vieux ami, il me fit tenir des Lettres de change de la valeur de 328000. Piéces de huit, pour le prix de ma Plantation, à condition qu'elle reſteroit chargée du payement de cent *Moydores* par an, tant que le vieux Capitaine vivroit, & de cinquante pendant la vie de ſon fils.

C'eſt par là que je finis les deux premiers Volumes de l'Hiſtoire d'une vie ſi pleine de révolutions, qu'on pourroit l'appeller une *Marquêterie de la Providence*. On y voit une ſi grande varieté d'Avantures, que je doute fort qu'aucune autre Hiſtoire veritable en puiſſe fournir une pareille. Elle commence par des extravagances, qui ne préparent le Lecteur à rien d'heureux; & elle finit par un bonheur, qu'aucun évenement qu'on y trouve ne ſauroit promettre.

On croira indubitablement que ſatisfait d'une Fortune ſi ſuperieure à mes eſperances, je n'étois pas homme à vouloir m'expoſer à de nouveaux hazards, mais quelque raiſonnable que puiſſe être ce ſentiment, on ſe trompe. J'étois accoûtumé à une vie ambulante, je n'avois point de Famille, & quoique riche, je n'avois pas fait beaucoup de connoiſſances.

Il eſt vrai que je m'étois défait de ma Plantation dans le Brezil, mais ce Païs m'étoit encore cher; j'avois ſur tout un deſir violent de revoir mon Iſle, & de ſçavoir voit si les Espagnols y étoient arrivez, & comment les scelerats que j'y avoient laissez, étoient avec eux.

J'e n'exécutai pas pourtant ce dessein d'abord, & les conseils de ma bonne Veuve firent assez d'effet sur mon esprit, pour me retenir encore sept ans dans ma Patrie. Pendant ce temps-là je pris sous ma tutelle mes deux neveux, fils de mon frere : L'aîné avoit quelque bien, ce qui me détermina à l'élever comme un homme de Famille, & à faire ensorte qu'aprés ma mort, il eût dequoi soûtenir la maniere de vivre, que je lui faisois prendre. Pour l'autre je le confiai à un Capitaine de Vaisseau, & le trouvant aprés cinq années de voyages sensé, courageux, & entreprenant, je lui confiai un Vaisseau à lui-même. On verra dans la suite que ce même jeune homme m'a engagé dans de nouvelles Avantures malgré mon âge, qui devoit m'en détourner.

Je m'étois marié cependant, d'une maniere avantageuse & satisfaisante, & je me trouvois pere de trois enfans savoir de deux garçons & une fille : mais ma femme étant morte, mon neveu qui revenoit d'un voyage fort heureux en Espagne, excita par ses importunitez mon inclination naturelle de courir, & me persuada de m'embarquer dans son Vaisseau comme un Marchand particulier, pour aller negocier aux Indes Oriendes Orientales. J'entrepris ce voyage l'an 1694.

Dans cette courſe, je n'oubliai pas de rendre viſite à ma chere Iſle. J'y vis mes Succeſſeurs les Eſpagnols, qui me donnerent l'Hiſtoire entiere de leurs Avantures, & de celles des ſcelerats que j'y avois laiſſez. J'appris de quelle maniere ils avoient inſulté les Eſpagnols, & de la néceſſité, où ces derniers avoient été de ſe les ſoumettre par force, aprés avoir vû que c'étoit la ſeule maniere de vivre en repos avec eux. Si on ajoûte à ces circonſtances les nouveaux Ouvrages, qu'ils avoient faits dans l'Iſle, quelques batailles qu'ils avoient été forcez de donner aux Sauvages du Continent, qui avoient fait pluſieurs deſcentes ſur leur rivage, & une entrepriſe qu'ils avoient executée à leur tour ſur les Terres de leurs ennemis, où ils avoient fait priſonniers cinq hommes & onze femmes, qui avoient déja à mon arrivée, peuplé l'Iſle d'une vingtaine d'enfans. Si on raſſemble, dis-je, toutes ces particularitez, on verra que ſi leur Hiſtoire étoit écrite, elle ne ſeroit pas moins curieuſe que la mienne.

Je quittai l'Iſle, aprés y avoir ſéjourné une vingtaine de jours, & j'y laiſſai une bonne quantité de proviſions néceſſaires, qui conſiſtoient ſur tout en armes, poudre, plomb, habits & outils, j'y laiſſai encore

un

un Charpentier & un Forgeron, que j'avois amenez d'Angleterre avec moi dans cette vûë.

J'avois trouvé à propos encore de partager l'Isle à tous les Habitans, & je l'avois fait à leur satisfaction, quoique je me fusse reservé la propriété & la souveraineté de tout, & que je les eussent engagez à ne pas abandonner ce nouvel Etablissement.

Je m'en fus de là dans le Brezil, d'où j'envoyai une Barque vers l'Isle avec de nouveaux Habitans, parmi lesquels il y avoit sept femmes propres pour le service, & pour le mariage, si quelqu'un en vouloit. Je promis en même temps aux Anglois de leur envoyer des femmes de leur Patrie, avec une bonne cargaison de tout ce qui leur étoit nécessaire, pourvû qu'ils voulussent s'appliquer de tout leur cœur à faire des Plantations ; & dans la suite je leur ai tenu parole ; aussi devinrent-ils fort honnêtes gens, aprés qu'on les eut mis sous le joug, & qu'on leur eut assigné leurs portions à part. Je leur envoyai encore du Brezil cinq vaches, dont trois étoient pleines, avec quelques cochons, & je trouvai tout cela fort multiplié en retournant dans l'Isle une seconde fois.

Je pourrois bien entrer un jour dans un détail plus particulier de tout ce que je viens de toucher legerement, & y ajoûter l'Histoire

toire d'une Guerre nouvelle, qu'eurent les Habitans de mon Isle avec les Cannibales. On y verroit de quelle maniere ces Sauvages entrerent dans l'Isle au nombre de plus de trois cens, & comme ils donnerent deux batailles à ceux de ma Colonie, qui dans la premiere ayant eu du dessous, perdirent trois hommes, mais qui dans la suite, une tempête ayant abîmé les Canots des ennemis, avoient trouvé le moyen de les détruire tous par le fer, ou par la famine, & étoient rentrez de cette maniere dans la possession tranquille de leurs Plantations.

Tous ces évenemens joints à mes propres Avantures, que j'ai euës pendant dix ans, pourroient faire plusieurs Volumes, dignes de l'attention du Public.

*Fin du second Tome.*

www.ingramcontent.com/pod-product-compliance
Lightning Source LLC
Chambersburg PA
CBHW070657170426
43200CB00010B/2275